大师细说博弈论

双赢之道

THE WIN-WIN SOLUTION

史蒂文·J·布拉姆斯（Steven J. Brams）
艾伦·D·泰勒（Alan D. Taylor）/著
王雪佳 /译

中国人民大学出版社
·北京·

作为魅力学问的博弈论

（总序）

有许多理由让我向读者们推荐博弈论，也顺便推荐本套丛书。说起博弈论，在过去的10多年里，人们对于它的感受是随着时间的推移而变化的。20世纪90年代初，我开始为研究生和博士生开设博弈论课程，一些同事用怀疑的眼光看着我。随后，在中国经济学界出现了博弈论热潮，而这种博弈论热潮是我在1996年发表在当时很有名的《经济学消息报》上面的文章所准确预言了的。[①] 随后，有一些反潮流的人撰

① 蒲勇健：《博弈论：中国经济学家亟须掌握的数学工具》，载《经济学消息报》，1996（31）。

文批评这样的博弈论热，但是，我们看到，即使包括张五常这样的大家在内的批评者都没有成功地为博弈论热降温。在今天的经济学专业杂志上，包括国际上著名的经济学刊物，甚至在超出一般意义的经济学期刊，譬如管理、法律、政治学、生物学、心理学、军事科学等学术杂志上，运用博弈论方法构造数学模型的论文可以说是汗牛充栋、随处可见了。

与许多学问不同，博弈论不仅仅因为它开始成为包括经济学在内的社会科学的一般性研究框架而显得重要，犹如19世纪的牛顿力学在自然科学中的地位，而且，博弈论还是一门充满韵味且魅力十足的学问。正是由于博弈论那深刻的策略分析与对于大千世界中无所不在的复杂现象的巧妙解读，人们不仅满足了好奇心，而且还会感到茅塞顿开，豁然开朗，甚至在读了博弈论对于从经济管理到进化生物学一系列学术难题的精妙解读之后，禁不住会大呼过瘾，爽极！

对于许多人来说，科学的价值是能够帮助人们去认识世界、改造世界。其实，这是实用主义者的感受。对于科学家，特别是一些大科学家来说，他们认为科学理论的价值是它无比的美感，譬如爱因斯坦、薛定谔。对于既不同于普罗大众，也不是爱因斯坦那样的大科学家的大多数研究者来说，玩科学的感受其实就是有趣。趣味，是使得大多数科学家埋头于学问的主要推力。这种沉迷于学问里面的无穷趣味，是普通人难以想象甚至难以企及的境界，那可不是一般的趣味，那是“神趣”！——令人神魂颠倒、忘乎所以之意境！有如窥见上帝秘密之快感和人世间任何其他满足都难以比拟的快乐。当然，并不是所有的学问都能够如此这般地给人带来快乐，但是博弈论肯定是位列其中的。

作为研究策略性互动的学问，博弈论在解释经济行为的原因、政治制度的形成与演化、进化心理学假说的模型构建、进化生物学的数学化、市场设计与供求匹配等方面大获成功，已经成为生命体行为现象微观研究的重要方法——不仅仅是人类的经济行为。

美国第一位获得诺贝尔经济学奖的大师保罗·萨缪尔森说过：如果你想成为一个有见识的人，就一定要读读博弈论。其实，读读博弈论，还不仅是让人开眼界、长见识，喜欢深刻思考的人，会发现博弈论正是你爱不释手、丢弃不了的东西。

到底博弈论有什么迷人的地方呢？随便举个信手拈来的例子，就是中国的跨地区移动通讯为什么要收取漫游费。要知道，全世界只有三个国家在收取漫游费——中国、印度和日本。为什么？在我曾经参加的听证会上，运营商说跨地区移动通讯会增加运营商的业务量，所以成本的增加使得它们通过收取漫游费来填补额外的成本。其实，收取的漫游费数量远远超出了它们购买设备处理业务的费用，这样的理由是不成立的。那么，是什么难言之隐让运营商要收取漫游费呢？博弈论让我们很容易推演出运营商难言的秘密：如果取消漫游费，那么运营商们就处于全国统一的竞争性市场中，它们之间就会打起价格战，导致大多数运营商退出，而留下极少数幸存者垄断市场。并不是所有的运营商都有这样的自信：我会是最后的幸存者。所以它们之间就达成这样的默契：通过漫游费将市场分割为各个区域性市场。漫游费是地区市场分割的壁垒，各个地区的运营商都在自己的地盘里过着垄断带来的好日子。比如，在漫游费的高墙下，你是北京的用户，想用重庆的电话，因为重庆的话费可能要便宜一些。但是，漫游费就让你用重庆的电话比用北京的电话还要贵。这样，即使重庆的电话费比北京的电话费便宜，漫游费也让你难以企及，因为加上漫游费，对你来说用重庆的电话就要比用北京的电话贵了。同样，重庆的用户也会只用重庆的电话，各个地区的用户都只用本地区的电话，全国性的统一竞争性市场就被分割成各个地区的垄断市场，而用户们也不得不支付高额的话费。在这里，博弈论所起的作用是：它预言统一市场中会出现价格战。因为如果你知道一点博弈论，就一定知道“囚徒困境”这样简单的博弈论模型，也知道两个小偷在警察面前都会相互出卖同伙的结果。竞争性市场里的企业相互杀价，进行价格战就是“囚徒困境”，而相互出卖是它们的选择。

怎么样，博弈论让你大开眼界了吧。其实，在博弈论里，这样的妙招很多，它会教你怎样识破谎言。1996 年的诺贝尔经济学奖得主之一、博弈论专家维克里就教会招标人如何识破投标人的谎言，让投标人老老实实地把真实的底价告诉招标人。

举一反三，同样基于惧怕价格战的原因，沃尔玛与麦德龙连锁店在选址上就不会十分接近。读者也许会注意到，沃尔玛与麦德龙在全世界任何地方的分店，通常都有足够远的距离。这样，即使居住在沃尔玛附近的消费者知道麦德龙的商品可能较沃尔玛便宜，但是较远的空间距离也让他对于放弃沃尔玛而去麦德龙购物望而却步。同样，居住在麦德龙附近的消费者也会是麦德龙的客户。沃尔玛与麦德龙之间拉开空间距离，就能够相互维护二者之间的市场细分而避免价格战对于双方的伤害。这是一种默契，也是博弈的结果。

博弈论不仅仅是学问，也不仅仅可供人们在茶余饭后消遣。更加重要的是，博弈论在现实中被广泛运用，从英美国家的 3G 手机频率拍卖，到 1999 年台湾“大选”中陈水扁上台，都明显或者不明显地采用了博弈论的策略。1999 年，台湾“总统大选”。当时，卸任“总统”李登辉暗地想把“台独”分子陈水扁扶上台。国民党有两个候选人：连战与宋楚瑜。尽管在那个时候国民党在台湾已经有一些日薄西山，但是与新起的民进党相比，仍然是“瘦死的骆驼比马大”，小小的民进党是难以撼倒国民党的。但是，李登辉是经济学家，作为台湾大学的经济学教授，他自然想到了运用博弈论策略对国民党使阴招，尽管他当时还是国民党的总裁。他通过媒体发表许多伤害宋楚瑜的言论，使宋楚瑜上当。因为一气之下的宋楚瑜为了与作为国民党总裁的李登辉划清界限，就贸然把他的支持者从国民党拉出去，另外成立了一个亲民党。这样，本来可以轻松击败民进党的国民党，就由于选票被国民党与亲民党两个党分散，让民进党最终取胜。可以说，李登辉在 1999 年是运用博弈论霍特林模型中的策略，成功分化了国民党的选票而使陈水扁登上台湾“总统”的宝座，而他对博弈论策略的运用也达到了炉火纯青、天衣无缝的水准。在霍特林模型中，如果是两个候选人竞争，他们会使自己的政治纲领相互靠近，但是，如果是三个候选人竞争，则其中一个候选人把自己的政治纲领适当地与其他两个候选人的政治纲领拉开距离就可以取胜。由于连战与宋楚瑜之前的选民都是国民党的选民，他们俩分开后，他们的支持者之间的政治偏好是差不多的，所以，陈水扁只要把自己的政治主张适当地与他们俩区分开来，就可以分别击败他们。李登辉是通过博弈论而瞒天过海的，不仅让宋楚瑜上当，而且使整个国民党甚至选民们也被蒙在鼓里。

博弈论不仅仅是好玩，而且十分有用。我们来看看下面这个例子。20 世纪 80 年代，在美国有两家销售音响产品的商店——疯狂艾迪和纽马克 & 路易斯。疯狂艾迪为了阻止纽马克 & 路易斯私下进行降价竞争，陷入价格战导致双方同归于尽，便打出了这样一个广告：凡是在疯狂艾迪购买商品的顾客，如果发现在其他商店可以以更低的价格买到同样的商品，疯狂艾迪可以按照差价的双倍对顾客进行补偿。这样，如果纽马克 & 路易斯私下降价，任何人都不会去它那里买东西。因为所有人为了获得两倍差价的补偿都会去疯狂艾迪买商品。这意味着一旦纽马克 & 路易斯私下降价，则对方会自动降价更多，并且纽马克 & 路易斯的顾客还会流失。这种方式就迫使纽马克 & 路易斯不敢私下降价，价格战就这样避免了。

这个案例在全世界都被模仿。我在重庆的家乐福超市也看到过类似于疯狂艾迪那样的广告：谁要是在重庆主城区以比本店更加便宜的价格买到同样的商品，本店将按照差价的三倍补偿。

更加鲜活的例子是，在 2012 年，中国的电子商务巨头京东试图挑起的一场大家电价格战被苏宁电器用与当年疯狂艾迪完全相同的博弈策略秒杀了！2012 年 8 月 14 日，京东商城的首席执行官刘强东在其实名认证的微博上面声明：京东商城的所有大型家电将在未来三年里保持零毛利，“保证比苏宁、国美连锁店便宜至少 10%以上”。苏宁立即以微博接招，宣布所有产品价格必然低于京东，否则将给予消费者两倍差价赔付。于是，硝烟还没有升起，京东便偃旗息鼓了。苏宁简单搬用疯狂艾迪的策略便一招致命，击退了京东的挑战。

在政治领域，博弈论更是如鱼得水。现今的政治科学研究，大量采用博弈论的方法已经是世风。一些令人头疼的政治现象，用博弈论方法看就是直截了当的了。譬如，中东和平进程为什么受阻，就是因为目前的停滞状态是博弈论中的纳什均衡。巴勒斯坦要求以色列首先交还被占领土，然后才声明放弃恐怖活动；而以色列要求巴勒斯坦首先宣布放弃恐怖活动，然后它们才交还占领的巴勒斯坦领土。双方都不愿意首先改变自己的策略。因为如果巴勒斯坦宣布放弃恐怖活动，以色列也可以不交还被占领土，巴勒斯坦就惨了。同样，如果以色列交还了占领的巴勒斯坦领土，巴勒斯坦也可以不宣布放弃恐怖活动，以色列也会吃大亏的。因此，双方都不会首先改变自己目前的策略，这就是博弈论里的纳什均衡。既然是纳什均衡，就是一种难以改变的胶着状态。

混合策略博弈是指博弈的参与人通过模糊自己的策略动机迷惑对手的博弈。在人们的生活中，谈恋爱就是一种混合策略博弈。在谈恋爱的过程中，女孩子通常会对于男孩子的追求反应含糊。因为如果女孩子说她爱男孩子，男孩子就认为已经搞定，就不会继续狠追女孩子了，女孩子会因此失去被追的愉悦。如果女孩子说她不爱男孩子，男孩子就会放弃，女孩子就会失去继续考察男孩子的机会。所以，女孩子总是对于男孩子的追求若即若离，不轻易说她对他爱与不爱。这是混合策略的运用。

一旦引入信息不对称，博弈论就更加魅力十足了。许许多多曾经是扑朔迷离的社会现象、经济现象，甚至生命现象，在信息不对称假设下就会令人感到茅塞顿开。

在2013年初，包括韩国和日本在内的一些在华外资汽车公司，纷纷开始推出将新购汽车的保修期延长至5年的营销策略。外资企业采用这种策略的目标是试图将中国的国产汽车公司挤出市场。以往，中国的国产汽车与外资之间在华市场的竞争主要依靠价格优势。但是，由于劳动力成本的上升，价格优势不再，外资企业依靠的是质量优势，这是国产汽车公司难以模仿的，它们由此发出高质量的信号，从而形成不对称信息中的分离均衡。

也就是说，在过去中国还具有低劳动力成本的情况下，国产汽车公司与外资之间还存在竞争，这种竞争的均衡是外资的高质量与国产汽车公司的低价格之间的平衡。到了2013年，国产汽车的低价格优势由于原材料涨价和劳动力成本上升而逐渐式微，外资与国产汽车之间都在差不多的价格水平上进行竞争了。在这种情况下，在同样的价格水平上，消费者就更加偏好高质量的汽车。保修期越长，就可以被认为是质量越高的产品。因为只有生产高质量产品的公司，才不会因为较长的保修期而产生高昂的费用，这是由于高质量产品在即使是较长的时间里也较少出现质量问题。这样，通过较长的保修期，企业就把高质量的信号发送给了消费者，而消费者也就因此放弃购买没有发送高质量产品的企业产品，转而购买发送高质量信号的企业产品了。

生命现象是我们这个地球上最神奇、最神秘的现象。达尔文的进化论为我们说明了复杂的生命现象是如何进化而来的。正是博弈论为进化论建立起了数学模型。

生命的个体也许并不是对于许多不同的生存策略进行理性的选择，而是通过偶然的试错过程发现了最优的策略。当所有个体都完成了最优生存策略的“自然选择”之后，就达到了纳什均衡。个体因为发生突变而面对不同的生存策略，而不同的生存策略给个体带来了不同的生存适应度。只有那些带来最大适应度的策略才可以让个体生存下去，而通过遗传，那些成功地“自然”选择了最优策略的个体便把自己的基因遗传了下来，而其他物种个体便灭绝了。博弈论专家证明，这种自然选择出来的最优策略是纳什均衡策略，尽管并不假定生命个体一定是理性人——这避免了传统经济学理性人假设带来的尴尬，因为心理学家经常会批评这样的假定。

在人类出现的东非大峡谷，那些高个子的人类祖先，因为生存更加困难（高个子更容易被豺狼虎豹看见，在野兽追来时更难以躲避），心脏负荷大，需要更多的食物而处于生存劣势。因此，只有那些生存能力较强的高个子基因遗传下来了。这是一种不对称信息博弈中的信号博弈现象。高个子是发送优良基因的信号，所以人们在谈对象的时候，一般喜欢高个子，这是因为他们或许载有更加优良的基因，可以通过与他们结合把自己的基因遗传下去，因为既然高个子生存更加困难，但是当他们还生存着时，就意味着他们具有更加强大的生存基因。表面看起来，喜欢高个子是因为我们觉得高个子赏心悦目，是美的元素。其实，人类的美感是与生存能力联系起来的。这是所谓进化博弈论的发现。

博弈论中最具魅力的部分是信号博弈。在进化博弈论里，信号博弈把过去人们认为是纯粹主观性的审美解读成进化中的生存博弈形成的策略，当然是物种在进化过程中的纯粹是自然选择的策略。

信号博弈还可以解释官僚贪污现象。官员贪污腐败是忠诚的信号。读者可能会觉得奇怪：贪污腐败怎么与忠诚联系在一起？其实，政府官员贪污尽管是古今中外都普遍存在的现象，但是从历史上看，在东方要盛于西方。在东方，至少在过去，特别是东方一些完成现代化进程之前的国家，贪污甚至是人们习以为常的，或者说是老百姓看来无可奈何的现象。同时，我们注意到，在历史上，东方也普遍采取专制社会的社会治理模式，以至在文献上会出现“东方专制社会”的术语。

我们下面从博弈论的信号发送机制出发，说明这两个社会现象之间存在着密切的联系，即专制社会与官员贪污腐败之间存在着因果关系。专制会带来贪污腐败，或者说比非专制社会更加普遍的贪污腐败现象，这种因果关系并不是简单地因为专制社会缺乏对于官员的监督，而是因为在专制社会里，官员向其上司表忠诚，可以通过自己贪污腐败来发送忠诚的信号，以利于保护自己。

在专制社会，官员的全部命运基本上都掌握在他上司手里。上司可以决定他们的升迁，甚至掌控着他们的身家性命！

官员为了保护自己，让上司找不到任何可以灭掉自己的口实，或者让上司相信自己不会谋反，自己是完全忠诚于上司的，就需要发送这样的信号给上司——我是忠诚于您的！

但是，发送的信号必须要满足“可置信”的条件。上司怎么才会相信你的表白呢？

如果你非常清廉，这样就会有好的声誉。一旦你谋反成功，譬如谋朝篡位，你的好声望就会让人民接受你，而让想攻击你的潜在敌人感到要击败你是比较困难的。正是你的好声誉会助你谋反成功。

但是，如果你的声誉很糟糕，即使你谋反成功，人民也不会接受你，你的敌人也会利用这一点对你发起攻击，并且会得到人民的响应，你会落败的。

这样，当你具有好的声誉时，你谋反成功并且取而代之的动机就会比较强烈，相反，你的坏声誉会增加你谋反成功的难度，你的谋反动机也就比较小了。

如果你并不想谋反，同时也要向上司表明你的忠诚，你就可以采取自毁声誉的办法，增加你谋反成功的难度，同时也告诉你的上司，你是不会谋反的，因为你谋反成功的机会很小！这种信号是可置信的。

当你的上司相信你不会谋反时，你就成功地保护了自己。

当然，官员的贪污不仅仅是为了实施这样的策略，也有真正对于财富的贪婪。但是，人们对于财富的贪婪无论在东方还是西方社会都应该是一样的，为什么在东方社会要更加普遍？这是因为东方社会普遍存在的专制治理模式给这一信号发送提供了动力。所以，贪污作为信号是有一定解释力的。

当然，这种信号理论比较适合解释皇帝身边的权臣贪污，并不能解释下层官员的贪污。譬如，和珅生活在乾隆皇帝身边，但是其贪得无厌到了不能企及的程度，乾隆皇帝反而对他宠爱有加。

据说张良在跟随刘邦进入京城的时候，便叫家丁们到街上去打砸抢。这样的自毁声誉与贪污行为其实都是保护自己的策略，两者异曲同工。

博弈论看起来深刻奥妙，有一些玄乎。其实，博弈论就在我们身边，每时每刻，无所不在。2013 年春，朝鲜三次核爆，单方面宣布《朝鲜停战协定》无效，大肆反美，令全世界都为朝鲜捏了一把汗。其实，如果从博弈策略的角度分析，朝鲜是有充分的自信的。朝鲜知道，美国其实是不会打击朝鲜的。如果美国对朝鲜进行核打击，则东北亚会出现核污染，会伤及驻日本和韩国的美军。美国政府在选民的压力下不得不从东北亚撤出。这样，美国在东北亚核战争中不仅一无所得，而且还会遭到全世界的责骂，并且灰溜溜地从长期盘踞的东北亚撤出。如果美国用高科技常规武器打击朝鲜，朝鲜会用核武器反击，美军大败，加上东北亚的核污染，导致美国同样会从东北亚撤出，朝鲜会崛起，统一半岛。所以，美国人并不会对朝鲜进行打击，无论是用核武器还是常规武器。事实上，这样的判断是存在先例的。1969 年，当时因为中国与苏联在珍宝岛的冲突，苏联打算对中国进行核打击，被美国的尼克松总统干预制止了。尼克松并不是要帮中国的忙，而是怕中国与苏联的核战争污染了驻日本和韩国的美军，导致美军不得不撤出东北亚。由此，朝鲜核爆反美是它的占优策略——这是博弈论的术语，即在任何情况下都是最优的策略。

因此，朝鲜完全可以大张旗鼓地反美，不断进行核爆挑衅，并不担心美国会拿它怎么样。我们看到，在朝鲜不断升级的挑衅下，美国人基本上是无动于衷的。因为一方面是朝鲜猜透了美国人的想法——他们不敢动真格；另一方面，美国人也猜出了朝鲜的想法，知道他们知道自己的想法——这就是博弈论——你知道他知道你知道他的……这就是博弈！

既然是这样，双方都是在演戏，那么，朝鲜演这出戏是给谁看呢？答案是：演给朝鲜的老百姓看。这样，新上台的领导会树立威信——瞧瞧，咱弄得美国佬都拿咱没有办法！——还行吧！其实，在朝鲜核爆的背后存在好几个博弈呢！在这样的情况下，当朝鲜雄起的时候，美国只有处于守势，而给定美国处于守势，朝鲜当然会选择攻势——这是众所周知的胆小鬼博弈，或者叫做斗鸡博弈。而且，朝鲜玩的是边缘博弈，并且，朝鲜越是疯狂，其实是表面上看起来是疯狂，越是脱离中国或者俄罗斯的管束，边缘博弈的威慑作用就越大，不知道有多少人看出了这一点！

好了，我们看到，潜藏在博弈论精深的数学模型背后的故事是多么的精彩！每一个博弈论模型都有着一个好听的故事。本套丛书就为大家提供了更多更加好听的故事，赶快去读读吧……

蒲勇健

2013年3月20日

重庆渝中区瑞天路雍江苑

中译本序

“理性选择范式”主张，用来研究市场的工具也能用来增强我们对政治学的理解。它是由威廉姆·莱克(William Riker)、安东尼·唐斯(Anthony Downs)，以及诺贝尔经济学奖获得者肯尼斯·阿罗(Kenneth Arrow)和杰姆斯·布坎南(James Buchanan)等几位美国学者最先提出的。这一概念使我们对政策形成过程中的制度结构有了更深的了解。同时也奠定了基础，使我们得以评估这些制度在现实中发挥的作用，并为避免出现问题而设计新的制度。

然而，在大多数情况下，这项成果的应用都被局限在对西方社会的制度和决策过程的研究方面；到目前为止，很少被用在中国问题的研究上。但这项成果对未来的中国问题研究无疑具有重要的启示作用。对21世纪来讲，中国问题研究越来越占有重要地位。越来越多的学生和学者将其研究聚焦于中国的过去、现在和未来。然而，中国问题研究若想在欧美成为主流，新一代的中国问题学者必须运用现代分析工具来研究中国的政治和社会，去发现对其他社会也有意义的普遍规律。否则，中国问题研究将游离于主流学术以外。

由中国人民大学出版社出版的《双赢之道》为中国的学生和学者提供了一个学习的机会，学习怎样运用现代分析工具来研究不同机制的性质，使谈判获得公平的结果。两位作者布拉姆斯和泰勒教授都是社会选择理论领域的一流学者，对公平分配领域的研究产生过重要影响。我相信，《双赢之道》中文版的出版将激发中国学者应用作者的分析来研究中国的案例，或提出新的公平分配规则。那么，一定会出现中国问题研究和理性选择范式双赢的局面。

杜克大学(Duke University)

埃默森·尼欧(Emerson Niou)

2002年9月

前　言

罗杰·费舍尔（Roger Fisher）和威廉姆·乌莱（William Ury）颇具影响力的《走向共识：不必妥协，便可达成协议》（*Getting to Yes*：*Negotiating Agreement Without Giving In*）1981年问世以来，人们便普遍相信，在谈判的输赢之间总是存在一个中间地带，或许用"公地"一词来形容更为合适。《走向共识》一书对谈判中遭遇的问题分门别类地进行了剖析，与其不同的是，本书将尝试对这些问题提供一些比较合理的解决方案。因此，在劳工纠纷中，虽然双方都希望能够准确地进行沟通，兼顾各方利益，但最终都想知道自己在哪些方面会赢，哪些方面会输，哪些方面将不得不作出让步。同理，如果要处理离婚，必须要回答的问题也是，谁获得什么。

本书将新颖优越的方案展献给读者，这些方案大部分都不难使用，并有助于在谈判中达成共识。它们为公平提供了强有力的保证，因此，人们不必像以往那样吃力地讨价还价，其中一个方案甚至可以保证谈判各方尽可能挖掘所有的“双赢”潜力。当然，实际情况有时根本无法实现互利互惠的局面。比如，当人们同汽车销售商讨价还价或者律师极力解释某一桩官司庭外和解的好处时，那么，任何一方金钱上的收益都意味着另一方的损失，反之亦然。对于要买汽车或者要打官司的读者来说，他们随时都可能获得锦囊妙计，但这些并非本书的写作目的。

本书将为争端提供分步骤的解决方案，以使有关各方求同存异，公平地解决争端，每一方都能获胜。本书关心的争端小到离婚、商业，大到国际事务。但是，究竟何为“公平”？在这样一个高度竞争的社会里，无论公平是什么，公平难道不都是幼稚的、过时的吗？每个人不都应该全力以赴地去获胜吗？与妥协比较起来，做一个难对付的谈判者，把对手吓倒，不是更好吗？对此本书的答案是，至少从彻底打败对手的角度看，“获胜”也许并非想当然之物。事实上，认为除输赢以外便无他选的想法反倒非常幼稚。通常的结果是，每一方都赢（若谈判获得成功），每一方都输（若谈判遭到失败）。

我们对公平分配的兴趣起源于20世纪40年代的一道数学题。大致来讲，它就是著名的适用于两个人的“我切（蛋糕）你选（一块）”或者先分后选的方法能否同样适用于两个人以上的分配问题，让人们感觉他们所得到的至少跟其他人一样多。1992年我们通过一项研究成功地解决了这个难题，这项研究以及其他有关公平分配问题的研究成果被收录在1996年出版的《公平分配：从切蛋糕到争端解决》（*Fair Division: From Cake-Cutting to Dispute Resolution*）一书中，但当时那本书的理论性较强。

本书将从更为实际的视角探讨比较容易操作的三种分配方法：

- 严格交替法和均衡交替法

- 先分后选法以及由此延伸出来的修剪法
- 经调整的赢家的方法

严格交替(你先选，我再选，然后又轮到你，依此类推）这一方法由来已久，但本书首次为其增添了均衡交替的变量，尤其适用于像离婚和财产分割这种有许多项目需要分配的情况。先分后选也是非常著名的方法，具有较强的吸引力，其历史可以追溯到《希伯来法典》，但如今已很少被使用。修剪法则把先分后选的原理延伸至两个当事方以上的情况，至少第二次世界大战之后对德国和柏林的划分就是非正式地采用了这一方法。

最后一种方法，经调整的赢家，是本书的核心，并且我们相信其具有最大的发展潜力。但这种方法的运用要求处于争端当中的各方对不同的待分配项目，甚至对各“项目”的组成部分，进行深思熟虑。这些思考也相当值得，因为它们对争端的解决往往比本书所探讨的其他方法更公平。

我们力求使对各种方法的讨论通俗易懂。读者初次阅读此书时，可略过专栏的内容，它们一般都是为某个观点提供更为详细的阐述。欲进一步阅读此类文献的读者可参阅书后的参考文献。最后，词汇表包含了重要概念的定义，尤其是那些反复出现的概念。

我们写作本书的目的有三：阐释各种各样的公平分配方法，表明在何种情况下它们可以发挥最大的功用，此外我们还有一个不凡的抱负，即帮助人们和平地解决争端。为此，本书提供了很多例证对各种方法如何运用于各种矛盾形象地进行解说，这些矛盾有些是假想中的，有些则是实实在在存在着的。我们相信，本书介绍的新的公平分配方法尤其有助于降低愤怒和暴力，这些情绪经常伴随无休止的讨价还价。最后，这些方法有助于争端各方找到他们自己的解决途径，而非被迫接受仲裁结果，甚至走入死胡同。

致　谢

琼恩·霍维（Jon Hovi）、杰夫里·R·莱克斯（Jeffrey R. Lax）、马修斯·G·瑞斯（Matthias G. Raith）和许多人都阅读了本书的初稿，恕不一一具名致谢。与亚瑟·S·金博格（Arthur S. Goldberg）和丹尼尔·坎第（Daniel Candee）的讨论也对本书的形成帮助很大。最后，本书的出版离不开诺顿公司总裁德雷克·麦克菲利（Drake McFeely）和执行编辑玛丽·芭比库克（Mary Babcock）的出色工作，这里一并致谢。

目　录

第 1 章　**简介** ………………………… 1
公平分配的故事 …………… 2
框架 ………………………… 8
满意的标准 ………………… 12
规则与战略 ………………… 15
第 2 章　**严格交替法** ……………… 17
轮流 ………………………… 18
由下至上的战略 …………… 19
评估 ………………………… 22
扩展至三个或更
多当事方 …………………… 25
建议 ………………………… 32

第 3 章　均衡交替法 …… 34
询问步骤 …… 35
轮流、轮流、再轮流 …… 36
评估 …… 42
扩展至三个或更多当事方 …… 43
建议 …… 49
第 4 章　先分后选法 …… 50
历史 …… 51
战略 …… 52
先分后选法的对称化 …… 56
评估 …… 58
扩展至三个或更多当事方 …… 59
建议 …… 63
第 5 章　调整赢家法 …… 66
调整赢家法的概念 …… 67
描述 …… 69
评估 …… 74
战略 …… 76
扩展至三个或更多当事方 …… 79
建议 …… 82
第 6 章　调整赢家法：应用于戴维营 …… 85
戴维营里讨论的问题 …… 86
实际考虑 …… 94
《戴维营协议》的公平性 …… 100
第 7 章　调整赢家法：个人争端 …… 103
离婚 …… 105
总统竞选辩论 …… 112
第 8 章　调整赢家法：商业及国际争端 …… 118
合并 …… 119

南沙群岛争端 …… 127
第 9 章 哪种方法最优？ …… 135
未经调整的赢家法 …… 135
调整赢家法 …… 137
选哪一个？ …… 138

资料来源 …… 140
参考文献 …… 150
词汇表 …… 161
译后记 …… 167

简 介

争端并非新鲜事物，公平合理地解决争端这种观念也由来已久。首先，让我们从历史的角度考察一些真实的争端案例，看看它们都是如何得到解决的。下面列举的案例有的发生在当代，有的则是圣经里的故事：

- 首席执行官百万富翁加里·温特（Gary Wendt）与夫人劳娜（Lorna Wendt）的离婚案；
- 已故法国演员伊夫·蒙坦（Yves Montand）的财产纠纷最终通过对其开棺验尸进行 DNA 化验而得到解决；

- 非洲土著对猎物的分配；
- 第二次世界大战后盟国对领土的划分；
- 海盗对掠得的宝物的瓜分；
- 17 世纪英格兰对法定权力的分配；
- 古希腊时期的估税，以及传说中动物对其猎物的瓜分；
- 所罗门王对一个涉及孩子归属的纠纷所作出的建议。

上述案例与众不同之处在于，它们往往都以公平的名义使用了某种争端解决程序，而非将仲裁结果强加于人（尽管也有强加于人的色彩）。下面我们考察这些案例分别使用了什么程序。

公平分配的故事

一桩当代离婚案

1997 年，通用电气公司首席执行官加里·温特与其结婚 32 年之久、当年 54 岁的劳娜离婚。加里供职的公司是通用电气公司盈利颇丰的一家子公司，据估算，加里的净资产高达 1 亿美元。劳娜提出与加里平分这 1 亿美元。

劳娜于 1997 年 1 月曾说过：“这不关需要与否，给我1 000万美元我就可以生活得很好，但问题是他凭什么得到9 000万美元?”劳娜的意思是，财产分配的关键并非钱而是原则。她放弃了音乐教师的事业，全身心抚养两个女儿，操持家务，为加里的客户和同事举办晚宴，陪伴加里出差，还有其他数不清的在各方面对加里的支持都使加里的事业如日中天。劳娜又补充道：“我能反驳他想多分多得的要求。他有工作而我正失业，他要那么多钱有何用?”对此加里在法庭上的回答是，家产几乎都是他自己凭借天分与努力赚来的。

1997 年 12 月，法官将一处价值2 000万美元的不动产判给了劳娜，目前已升值到 1.3 亿美元。这样判决的理由是，康涅狄格州的离婚法规定财产分配公平合理即可，不必完全平分，由此法官可以综合各种因素而自由裁量，如婚姻持续时间、夫妻双方对家庭财产的贡献、过错、需要等等。通常，只有当家庭财产总计不超过1 000万～1 500万美元的情况下，康涅狄格州的法官才在夫妻之间均分财产，温特夫妇的离婚案显然不属于这种情况。于是法官遵照惯例，将1 000万～1 500万美元门槛以上的大部分判给了家庭财产的主要贡献者，正如温特夫妇离婚案，其主要贡献者往往都是丈夫。

伊夫·蒙坦的财产纠纷

1989年，法国女演员安妮-吉尔伯特·多萨德（Anne-Gilberte Drossard）一纸亲子状将法国著名男演员伊夫·蒙坦告上法庭。她宣称，伊夫·蒙坦是她女儿奥罗·多萨德（Aurore Drossard）的父亲，他们于20世纪70年代合作一部电影时有过一段私情。蒙坦对此极力否定，但他在1991年即将出庭作证的前3天死于心脏病，终年70岁。

部分原因是由于外表惊人地相似，1994年法庭判奥罗是蒙坦的女儿，但包括两个法定婚生继承人在内的蒙坦家人的上诉使法国上诉法庭于1997年秋决定，对蒙坦开棺验尸以进行DNA化验。化验结果将不仅决定奥罗是否有权参与继承蒙坦价值370万美元的财产，也决定她将如何与蒙坦的两个婚生子女分配财产。

法国法律规定，两个子女——无论婚生还是非婚生——共同继承其父母2/3的财产，而三个子女则可共同继承3/4。但一个私生子女分得的财产仅能是一个婚生子女分得财产的一半。这项规定恰恰适用于奥罗，她生于1975年，当时蒙坦与希蒙妮·席格诺略特（Simone Signoret）已组建了家庭，两人的婚姻持续了36年，直到希蒙妮于1985年去世。

假若奥罗果真是蒙坦的女儿，她将有资格获得蒙坦财产75%的1/5，即15%，而那两个婚生子女每人将获得蒙坦财产75%的2/5，即每人30%。因此，如果奥罗有资格获得财产分配，两个婚生子女可能获得的份额将从33.3%被削减到30%。

1998年6月，验尸报告显示奥罗与蒙坦之间没有亲子关系，推翻了法庭先前的判决。然而早在化验结果揭晓以前，奥罗的外祖母安妮·佛罗朗（Anne Fleurange）就对通过验尸进行DNA化验是否可信提出了质疑，她认为防腐剂甲醛不可能使化验得到准确结论。

非洲土著

几千年以来，几乎所有人类都曾靠狩猎为生，但接下来如何公平分配猎物却没有正式记载。伊丽莎白·马歇尔·托马斯（Elizabeth Marshall Thomas）1959年出版的作品《无害的人们》（*The Harmless People*）使我们得以窥豹一斑。

20世纪50年代，托马斯数次前往西南部非洲进行研究，当地土著是目前最后一批仍然依靠狩猎为生的重要群落。尽管没能提供更多的细节，但托马斯注意到，猎物"立刻被按照严格的制度进行了分配"。她接着写道："如果你观察土著分配猎物，你会感觉非常不公平，但这就是他们的制度，而且到最后没有人比其他人吃得更多。"

尽管某些参与狩猎的土著分得更多，但他们主动与其他人分享。托马斯指出，最后的结果是："对土著来讲，重要的不是每个人吃了多少，而是对每一份猎物的所有权"。

第二次世界大战后领土的划分

第二次世界大战结束后，盟国划分领土时采用了什么程序呢？下面这段记载反映了丘吉尔和斯大林当时的想法：

> 1944年10月9日晚10时，克里姆林宫托斯塔会议，丘吉尔环视了一下周围，他认为当时的气氛"正适合谈生意"。"让我们开始处理巴尔干地区吧。"他开始说道，这句话以后经常被引用。接着，首相在一张空白纸上写下了他的建议：罗马尼亚的90%归俄罗斯，希腊的90%归英国，俄罗斯和英国在南斯拉夫和匈牙利都各占50%，同时保加利亚的75%归俄罗斯。他将这张纸沿着桌子推给斯大林元帅，元帅取出一支蓝色铅笔，在上面

打了大大的一个钩，又把它还给首相。

丘吉尔事后回忆道："这之后沉默了很长一段时间。"最后首相说："为了避免人家认为我们把这些关系到成百上千万人们命运的事就这样随随便便处理掉了，我们还是把这张纸烧了吧。""不，由你保存吧。"斯大林回答。

第二天，交易在两国外长埃登和莫洛托夫之间继续进行：

莫洛托夫开门见山地提出，苏联不能接受对匈牙利50%～50%的划分，苏联想要75%。他还说，苏联［在保加利亚］也要像在罗马尼亚那样控制90%的领土。接下去就是一连串的各种各样的建议，偶尔莫洛托夫也会主动提出以南斯拉夫的部分领土作交换以争取对保加利亚和匈牙利的绝对控制。有一阵他还想阐述这些比例将意味着什么，这位苏联外长指出，在南斯拉夫，60/40意味着英国将控制沿海而苏联将控制内陆。最后，埃登终于接受了他认为还算体面的妥协——英国在保加利亚和匈牙利都各占20%，分两阶段实现，但苏联允许盟国的一个控制委员会在战争结束后继续工作。莫洛托夫也同意与英国平分南斯拉夫。总之，对巴尔干地区的瓜分至少使人想起第一次世界大战以后奥特曼帝国的遭遇，只是前者攸关民族而非石油。

在这些具有历史意义的决定背后，很难发现指导原则。它们反映了分配者的利益，表面上看来，如果这些分配者在利益交换时没有遵循什么原则和程序，至少也遵循了一定的方案，但没有明显迹象表明，那些被宰割的国家的利益和愿望得到了承认和尊重。

海盗的宝物

海盗出发之前通常会在"没有劫掠，没有收入"的原则基础上制定行为准则。一旦劫掠了一艘船，海盗船的船长就可以获得预先商定好的一笔钱外加一定比例的货物。船上货物被分成若干份（每份有8件货物），在分赃之前先给海盗船的医生（200～250份）和木匠以及造船者（100～150份）支付薪水，后两者负责修补和装备。然后，为伤员支付补偿金：失去一只右臂，获偿 600 份；失去一只左臂或右腿，获偿 500 份；失去左腿，获偿 400 份；失去一只眼或一根手指，获偿 100 份。余下的赃物被分成若干组，船长得 5～6 组，大副得 2 组，其他船员每人 1 组，船上每个男孩子得半组。海盗船的规矩十分严格，谁都不许多拿多得。实际上，每人都要庄严宣誓不隐匿或偷窃战利品，违背者会受到严厉惩罚。

17 世纪英格兰的宪制改革建议

在政治舞台上，英国政治理论家詹姆斯·哈灵顿（James Harrington）1656 年出版的《海洋联邦》（*The Commonwealth of Oceana*）为英格兰的宪制改革设计了先分后选模式。他提出了两院制立法机构的设想，贵族出身的上议院议员经过讨论后作出立法建议（类似提出蛋糕的切分办法），平民出身的下议院议员不用经过讨论对立法进行表决（选择通过还是否决立法）。哈灵顿的设想后来经过改良，比如任何委员会都可以对某法案条款进行增减，立法机关可以通过也可以否决该法案，目前美国国会和许多国家的立法机构采用的就是改良后的哈灵顿设想。

古希腊税制

在财产税这个延续至今的古老问题方面，古希腊早在公元前 600 年的实践中就使其通过一定程序实现了公平，而非遵照领导人的裁判。其发明者为雅典时期伟大的政治家梭伦，并被雅典法庭采用。具体做法是：任何觉得支付了过高财产税的公民都可以与支付较少财产税的公民交换财产。这种转换机制在多大程度上使税收更加公平尚不得而知，但倘若现在引入这个机制，毫无疑问本来十分清静的城市会议将充满了激烈的争论。

伊索寓言

一头狮子、一只狐狸、一头驴参加联合狩猎行动，驴应邀将猎物平均分成三份并请其他两个伙伴挑选。狮子盛怒下吃掉驴并让狐狸重新进行分配。狐狸把几乎所有猎物都堆在一起，只留下一小口食物。狮子大喜，问狐狸："我出色的朋友，谁教给你分配的艺术?"狐狸答道："是驴。我目睹了它的下场。"

这个故事的另一个版本是，几个动物一起找到了一个宝贝，必须决定如何公平地进行分配，这时狮子开口讲话了："首先，我们必须认真地把宝贝分成四块。第一块归我，因为我是百兽之王。第二块归我，因为我有力量。第三块归我，因为我有勇气。至于第四块嘛，谁有异议并且不要命的，可以试试看。"

人们大可为第一个寓言里的狐狸鼓掌欢呼，它学得很快；第二个寓言里，估计其他动物只好保持沉默。这两个寓言里都假装使用了公平分配程序，但由于狮子的力量和声望，公平遭到破坏。显然，存在明显等级制度的情况下，人们往往可以迅速地——但也是非常不公平地——找到解决办法，给处于等级梯层顶端的一方较大或最大部分。

所罗门王和两个母亲

《希伯来圣经》频繁提到公平问题。比如，长子有权继承双份遗产。尽管《圣经》没有为长子继承权提供足够理由，但直到今天它还是许多社会的习俗。

公平问题也经常出现在最著名的圣经故事当中。该隐疯狂地嫉妒亚伯，最终将其谋害，起因就是该隐认为上帝对他不公平，上帝"注意到"亚伯的贡献之物却忽略了他的。雅各以7年劳动换娶拉班美丽的女儿拉结，却被告知他的牺牲只够其迎娶拉班相貌平平的长女利亚，如果他想迎娶拉结，则必须继续劳动7年。雅各认为这种行为不但违反了协议，而且显然缺乏公平。

然而，在所罗门王身上，公平终于取得了胜利。当两个母亲争夺一个孩子时，所罗门王建议将孩子分成两半。孩子真正的母亲对此表示抗议，并主动把孩子交给另外那个实际上失去了自己孩子的母亲，至此真相不言自明。"所有的以色列人对国王充满了敬畏，因为他们看到他拥有神授的智慧来实现正义。”

然而，所罗门王建议的解决办法并非公平分配程序，因为他没有真的将孩子分成两半的打算。他不过是使了个计谋，以判断谁是真正的母亲。

上述案例中用来解决争端的方法都在不同程度上具有特殊性，它们都是为了达到特定目的而精心设计出来的方法，因此，认为它们是公平分配的观点缺乏根据。但这不等于说，它们是不实用的，甚至对于争端各方是不能接受的。例如海盗，对于如何给船员分配赃物这个问题，看起来他们好像是经过了仔细的思考。

同样，所罗门王的方法使他可以甄别两个母亲的战略，作为证据以判断谁在说谎。实际上，他设计出来的规则只是为了在两个母亲不同反应的基础上（抗议或者不抗议）来辨别真假。

不幸的是，所罗门王和海盗的分配方法仅适用于他们各自所处的特殊环境。到目前为止，尚没有人尝试将这些方法一般化以适用于其他情况。相反，我们的目标就是发展出一种公正的、建立在规则基础上的程序，提供一个比个人判断（即使是所罗门王!）或者集体判断更加坚实的基础。

当一种程序因为满足了某些公平标准而被认为是公平的，它更趋向于产生被各方都视作合法的结果。这些结果持续得更加久远，因为当被视作公平程序的产物时，它们往往不易煽动不满的人起来颠覆它们。

框 架

不是每一个争端都适用于我们将要讨论的程序。还是让我们先具体说明一下争端的性质和种类吧。

两方争端

两方争端是我们探讨的焦点，其重要性体现在两个方面。第一，如今包括离婚和劳工纠纷在内的许多棘手的争端都牵涉两个主体。其他矛盾，比如国际争端，也经常发生在两个联盟之间，各联盟的成员国出于共同的利益要求而往往协调行动。从实际出发，这种情况也应视作发生在两个主体之间的争端。

第二，将焦点定在两方争端具有现实意义。当争端涉及三个或三个以上利益主体时，形成联盟的可能性以及出现裂痕的可能性都迅速提高，不但导致局面更加复杂，而且不太可能按照某个程序去解决问题。然而，如今世界上最重要的一些争端所涉及的利益主体都超过两个，所以我们也会把下面对各种程序的探讨扩展到多方争端。

物品与议题

*物品*具有物质性，比如必须在继承人中间分割的遗产；*议题*是存在相反立场的问题，比如贸易纠纷里的保护主义立场和自由贸易立场。但物品和议题的区分通常比较模糊，当然，许多争端既涉及物品，也涉及议题，比如离婚。

在下面的分析当中，我们将以*项目*来替代物品或议题。对于分析来讲，重要的是项目是否具有可分性，即，在现实当中，在不丧失其价值的前提下，这些项目能否被分割或共享？在我们探讨的三种程序里，有一种是针对不可分项目设计的，比如离婚时某些物品不可分。其他程序最多要求一个项目可分，比如土地，甚至孩子（在联合监护协议下）。

自愿选择

我们探讨的所有程序都建立在自愿选择的基础上，从不由局外方将解决办法强加给当事方，就像仲裁那样。顾名思义，在仲裁中争端各方必须接受仲裁者作出的貌似公平但却非常武断的决定。

相反，公平分配程序允许争端各方在规则范围内自己决定做何选择。尽管没有仲裁者活动的空间，但斡旋者还是能发挥作用的。他们不会强行作出决定，却有助于澄清事实，为解决问题提供便利。

举例来讲，斡旋者可以帮助争端各方界定什么是需要解决的议题，包括哪些亟待分割，但是将如何进行分配的决定权留给争端各方。显然，斡旋者减缓了紧张气氛，使沟通更加顺畅，协助了争端各方制定切实可行的解决方案。

从根本上讲，公平的保障是所使用的程序，而非斡旋者的智慧或仁慈。话虽这样讲，但人们脑海中立刻会闪现一个问题："能否假定所有当事方都知无不言、言无不尽呢?"这是*战略*的问题，贯穿本书详细讨论的就是它。

程序

我们先快速总结一下后面各章将要讨论的三种程序：

1. *严格和均衡交替*。简单来讲，*严格交替*就是轮流：你选一个项目，然后我选，再轮到你，依此类推。当然，先选的一方可能占据巨大优势，由此，第二个进行选择的会得到补偿，比如获得额外选择机会。这样，即使不能完全消除，也可以降低另一方的优势。换言之，这种平衡选择机会的特定方法被称作*均衡交替*。

2. *先分后选*。这是大家熟悉的"我切你选"方法，几乎每个人都经历过。是切还是选？也许大多数人都为此感到困惑。我们将看到，这完全取决于知己知彼，即，对彼此偏好的了解程度，还取决于是否希望故意刁难对方使其无法如愿以偿，或者担心自己反倒被刁难了。

*修剪程序*将先分后选程序扩展到多于两个主体的情况。它要求在任何阶段都平均分配，将当事方认为较大或较多的修剪当成与当事方认为较小的一样大或一样多，然后再重复这个过程。当然，该方法使用起来可能相当复杂，尤其是当事方较多时。

3. *经调整的赢家*。一开始，双方就独立地（也就是秘密地）按照他们认为的相对价值给各待分配项目打分，总和 100 分。因此，如果你认为某个项目值所有待分配项目总值的1/4，那么，你就应该给它25分。

*赢家*的概念产生于接下来的这个步骤：如果某一方对某一项目的打分高于对手，那么，这一项目就（暂时）归这方所有。因此，如果我认为一所公寓房值24分而你认为值25分，那么，该房产就暂时分给你。

现在出现了*调整*概念：假设按照我的打分标准，分给我的项目总计55分；按照你的打分标准，分给你的项目总计65分。在这种情况下，我们必须按照一定顺序将一些项目从你那儿转移给我，直到分值相等（比如每方都60分）。这个转移过程往往需要把一个项目分割开来，但其最后的分配结果却保证了满足公平的某些重要特性。

陈述偏好

如果争端的解决不是强加于人的，那么，争端各方必须有机会陈述其偏好，就像民主政府必须赋予其公民选举自由的权利。相反，如果结局是强加于人的或是处于专制制度下，那么，一个人的命运就系于另外一个人的智慧或善意之上。

估价和选择过程里缺乏争端各方或民主社会里公民的参与，所谓的“解决办法”只能是武断的。为了民主制度顺利运行，公民希望有机会表达对某候选人或政党的偏好；同样，为了一个客观的公平分配机制能够顺利进行，争端各方必须有机会陈述他们是如何评价某些项目的。

就陈述偏好而言，一个程序至少应该能做到让争端各方愿意并有能力挑选所偏好的项目。意即，给定一些项目，争端一方应该能够指着其中一个说：“对我而言，那个至少像其他项目一样宝贵。”事实上，轮流机制要求的仅此而已，这也使该机制特别便于操作。

在先分后选程序里，尚需多做些工作。举例来讲，你的对手分好了等你来选，这意味着，你不得不比较两个*项目集合体*，然后指出你更偏好哪个集合体，当然，它比单独挑选一个项目难得多。在实际中，使你犹豫不决的并非挑选本身，而是那些项目被分成了两个集合体。

经调整的赢家这个程序就更复杂了。给各个项目打好分之后，理论上讲，你可以把它们分成两堆，每堆各值50分，然后再运用先分后选的程序。然而，经调整的赢家的程序在分堆时采用了不同的原则，它要求争端各方不能局限于将所有项目分成主观上价值相等的两个集合体，还要说明各个项目的相对价值。当然，考虑到该程序的好处，为此而付出的额外努力还是非常值得的。

上述就是我们的分析框架：聚焦于两方争端，涉及物品或议题或兼而有之，建基于自愿选择和称述偏好，甚至量化偏好。本书的目标就是寻找这样一些程序，它们保证每一方都获得满足，无论其他一方面或一些方面怎样行动或感觉。但是，何为“满足”？它如何得到保障？

满意的标准

存在四个标准可以评判争端是否得到了公平解决，也可以将其归纳为三个标准，因为第一个标准实际上是第二个标准的变形。如果一个程序满足了下面这些标准，就可以认为它是公平的。

1. *成比例*。满足可能与获得“公平的份额”相联系。尽管人们可以举出几种标准来判断公平与否，但成比例这一标准可追溯到希腊哲学家亚里士多德。他在《亚里士多德伦理学》里论述道，物品的分配应该与要求者的贡献相称。目前，只有当作出相等贡献时才会出现成比例问题。两个主体下，*成比例*意味着每一方都认为至少获得了全部价值的1/2；三个主体下，则为1/3。依此类推。

2. *无妒忌*。在成比例之上，人们还可以要求些什么呢？答案是*无妒忌*，即每一方都不愿放弃分得的部分而去交换另一方分得的部分，换言之，各方之间不存在妒忌。

在两方争端里，成比例与无妒忌没有区别。为了说明这个问题，假定争端的解决是成比例的。在这种情况下，你会认为已至少获得了全部项目总值的一半。你会嫉妒我吗？当然不会！如果你认为自己至少获得了一半，那么你一定会认为我至多才获得一半。反之亦然：如果我认为自己至少获得了一半，我也不会嫉妒你。因此，成比例的争端解决是无妒忌的。反过来讲，如果争端解决是无妒忌的，那么，每一方都会认为至少已获得了一半，否则，至少有一方会嫉妒另一方。所以，如果只有两个主体，成比例等同于无妒忌。

然而，当争端存在三个主体时，无妒忌比成比例更显公平、更具信服力。举例来讲，我可以认为自己分得了1/3，但如果我感觉你分得了1/2（因为在我眼里，第三方仅仅分得了1/6），我就会嫉妒你。另一方面，当一项在三个主体之间的分配是无妒忌的，那么，我势必认为自己至少已获得了1/3。（否则，我可能会认为另外两方合起来获得了超过2/3，我就会嫉妒获得超过 1/3 的那一方或两方。）由此，即使主体超过两个，无妒忌的分配总是成比例的，但成比例的分配却不一定总是无妒忌的。

3. 平等。还有一个方面的满足与无妒忌相关，但比其更微妙。想想离婚案吧，你觉得自己已经获得了 51%的双方共有财产，但你的配偶可能觉得自己还获得了 90%呢，因为他对你那 51%的组成项目本来就没什么兴趣。在这种情况下，你会嫉妒你的配偶吗？

答案是否定的。假定丈夫认为自己获得了 51%，那么无论他的妻子怎么想，在他眼里，她也仅获得了 49%而已。但是，他快乐吗？也许。因为他感觉自己获得了（稍微）多点儿的那一半。

然而，一想到他妻子比他快乐得多（在妻子看来，她获得了 90%，而在他看来，他获得了 51%），他可能就不会那么兴奋了。因此，丈夫虽然不嫉妒妻子的物质收获，但无妨嫉妒妻子比自己更快乐。

平等用在这里，意思是，按照每一方自己对各项目的估价，双方都能认为自己与对方获得了相同的份额。加之无妒忌，它不仅意味着双方都获得了超过自己心目中的 50%，而且连超过 50%的数量都相同。如果丈夫自认为获得了70%，妻子也自认为获得了70%，这就是平等，它与丈夫自认为获得了51%而妻子自认为获得了90%的情况完全不同。显然，当夫妻双方都认为自己得到了总财产的70%，他们会为分配结果感到同等高兴。

然而，平等可能是比较晦涩难懂的特性。如何衡量双方为分配结果感到同等高兴呢?

好在可以用分值分配法，或者说经调整的赢家的程序，来进行衡量，即每一方都独立地把总计100分的分值分配给争端里待争夺的各个项目。如果第一方获得的价值（按他自己的分值衡量）与第二方获得的（按他自己的分值衡量）相同，则问题的解决是平等的。

4. 效率。判断满足与否的最后一个标准是，整个体系不存在容许更多利益进行分配的空间。如果在不损害另一方福利的前提下，一方的福利可以得到改善，那么，这个争端的解决方案就是无效率的，否则，就是有效率的。

效率本身，即不与成比例、无妒忌和平等这些性质放在一起考察时，无法保证公平分配。举例来讲，将一切都分给我的分配方案是有效率的，因为其他任何一种方案如果使你的福利得到提升就必然以损害我的福利为代价。所以，是公平的其他性质与效率共同作用才保证每一方都获得满足。

现在我们知道有四个标准可以衡量各方是否对一个解决方案感到满意:（1）成比例，（2）无妒忌，（3）平等，以及（4）效率。在随后的分析中，不必以成比例的要求来评价公平分配程序，因为这个性质已经暗含在无妒忌里面了。另一方面，其他三个标准也是各自独立的。

随着分析的逐步展开，我们将始终以无妒忌、平等和效率来评价各个公平分配程序。当人们已经竭尽全力之后，争端的解决方案是否公平就要取决于它在多大程度上满足上述三个标准了。

如果不存在双赢的潜力，那么，这些标准将丧失意义。举例来讲，当你为购买一辆汽车讨价还价时，说价格是“无妒忌”的又是什么意思呢？在这个例子里，用作比较的标准倒应该是，你为这辆车所付的钱优于你的“谈判协议以外的最佳选择”（best alternative to a negotiated agreement，BATNA），或者说退路。在购车的例子里，你的 BATNA 可能就是修理旧车的投入。

离婚案、劳工纠纷、邻国之间爆发冲突等情况不存在明显的 BATNA，在这些争端里，当事双方都不能一走了之。即使没有令人满意的选择，各方也没有现实可行的退路。因此，每一方都必须作出决定，哪种*解决*方案在最低程度上可以被接受，但一走了之绝非选择之一。

当争端双方别无他选，只能试着相互忍受时——像某些离婚案所表现的那样，夫妻之间没有联系、形同路人——就需要能以无妒忌、平等、效率等标准衡量的公平的解决争端的程序。那么，接下来的问题是，各种程序分别在什么情况下可以发挥最佳效果？此外，它们如何保证争端得到公平解决呢？

规则与战略

*中立程序*是建立公平争端解决机制的关键所在，即不偏袒任何一方。既然程序蕴涵于规则之中，下面我们就要撩开这些规则的面纱。

*规则*是一个争端调停人在不掌握各方偏好的前提下可以实施的合法选择。因此，可以规定：“将所有待分配项目分成两堆。”数一数堆的数目，调停人就可以判断规定有没有被执行。但是不可以这样规定：“将所有待分配项目分成两堆，并且你们认为两堆等值。”原因是，调停人将无从知道该规定的后半部分是否被遵守。

各方制定*战略*或行动方针时，不仅要根据各项规则，而且要建立在他们自己获得的信息的基础上（比如，对于不同项目价值的信息）。一旦规则已经被制定，各方就有许多可供选择的战略。在先分后选的例子中，如果“分”的行为由你实施，规定必须把项目分成两堆。限定语“你认为价值相等的两堆”就是一个战略，随后我们将看到，它提供了某种保障。

没有规定你必须采取这个战略。事实上，我们也将在后面看到，如果你获得了对手如何评估不同项目的信息，就会存在你不愿遵照这个战略的情况。

既然如此，为什么平均分配对于先分后选程序还是一个好的战略呢？答案在于它为某种程度的满足提供保障，即无妒忌。我们称这个战略为*保障战略*，因为你通过使用这个战略获得的满足不取决于他人的行为。然而，我们后面将会看到，先分后选程序也可能导致分配非常不平等，远没有效率。

违背保障战略经常引起失策，所罗门王的计谋就可能失效。如果那个骗子没有中计，也进行了抗议，那么，所罗门王可能不得不将其命令付诸实施，把孩子分成两半。若果真如此，其美名也不会千古传诵了。当然，所罗门王本可以尝试其他不太激进的办法，比如，若两个母亲自己没能达成协议，她们就谁也别想得到孩子，但这个办法由于使局外方对问题如何得到公平解决施加了影响，因此，不在本书的研究范围之内。

本书的目的在于寻找由规则统领的、争端各方自己能够实施的程序，与这些规则相联系的是各方为确保自己得到某种程度的满足而实施的战略。规则与战略的结合以及如何得到最佳使用是本书考虑的主要问题。

诺贝尔经济学奖得主赫伯特·A·西蒙（Herbert A. Simon）也曾表达过尽可能摆脱局外方的判断、依靠不偏不倚的程序解决争端的思想。在其自传《我生活的种种模式》（*Models of My Life*）一书中，西蒙写道：

> 世界商品分配与道德无关……肯定存在更好的游戏。如果让我选择可以不考虑科学可行性的研究课题，我将研究如何说服人类去设计并实践大家都能赢的游戏。

西蒙的“大家都能赢的游戏”必然需要规则，它们等同于让每个人都进行公平交易的程序。以下几章将讨论这些程序。

第2章

严格交替法

安和本打算离婚，以下三项财产等待分割：

● 一幢有四间卧室的房子；

● 一个退休基金账户（养老金），尽管数目丰厚，但几年后才可动用；

● 一个投资组合，虽然在价值上低于养老金，但都是流动资产。

除此之外，还必须解决他们12岁的女儿卡罗的监护权问题。不足为奇，夫妻俩谁都不愿把“监护权”列出来作为待分配项目，因为无论谁失去监护权都意味着自己探望女儿的权利将完全由对方决定；而联合监护也不是可行的办法，因为安和本离婚后将住在不同的地区。

幸运的是，情理占了上风。夫妻俩达成协议，把监护权理解为主要监护权，谁“赢得”监护权，卡罗将在谁的居住地区就学，但在另一方那儿度假，包括暑假。安和本觉得，如果在监护权问题上可能承受的损失是“公平解决”离婚问题的一揽子方案中的一部分，那么两人都能接受这个损失。

轮　流

对安和本这样两人需要分配一些项目的情况来讲，最普遍使用的方法大概就是轮流了，即第一个人先挑选一个项目，再轮到另一个人，依此类推。假设通过掷硬币决定安先挑选，那么上述 4 个项目（包括监护权）的挑选顺序就应该是：安—本—安—本。

这个顺序被称作*严格轮流*。双方不仅要轮流挑选，而且每次只能挑选一个项目，如果每次可以挑选的项目数超过一个，那么，轮流就不是严格的。

假设安和本对 4 个项目从最好（排第一）到最次（排第四）分别排序如下：

排名	安	本
1	养老金	房子
2	房子	投资
3	投资	监护权
4	监护权	养老金

再假设他们作出*真诚选择*：每一方在每一阶段都会从可供挑选的项目里选出他或她的偏好。这样，安会选择养老金，本会选择房子；一轮过后，安会选择投资而本会得到卡罗的主要监护权。由此，安会获得她的第一个和第三个选择，既然安选择的就是这两个项目，这个结果也是意料之中的。

但假如安知道本的偏好并加以利用呢？本对养老金兴趣索然，那么，在第一轮里安可以放弃养老金而先选房子，等本选过以后再选养老金也不迟。

对安来讲，这样做有些冒险。投资与养老金二者之间，本肯定偏好投资，如果他为自己的利益着想，他会选择投资。所以，安可能会以为她在最后一轮里还是能得到养老金（她的首选）的，这样她就如愿以偿地获得了最希望的两个项目。

那么，冒险何在呢？首先，她可能错误地估计了本的偏好，但即使她没有估计错，也还有另外一个因素——恶意。如果本看穿了安的诡计，那么轮到他进行挑选时，他考虑的将不仅仅是 4 个项目的分配问题。

离婚案里，当被另一方有意置于劣势时，其中一方有时为了“报复”而宁愿少分点财产，这种情况还是比较普遍的。比如，为了“报复”妻子的剥削和跋扈行径，丈夫可能更加偏好于从阻挠妻子如愿以偿上获得满足感。

需要强调的是，这个选择也并非缺乏理性。长期来看，给安一个教训，让她明白不能再耍手腕了，实际上对本来讲有形无形中都会受益。如果安和本将来还会发生争端，比如涉及女儿卡罗，那么，本可能想警告安：他可不是好欺负的。

由下至上的战略

我们刚刚以一个简单的例子展示了一方对分配加以操纵的可能性，现在让我们转向寻找一个系统方法，用以分析双方可以作出的最佳战略选择。先假设双方都知道对方的偏好，当然这种情况也不总是发生，同时还假设每一方都知道对方会出于自身利益考虑而作出理性选择，不添加任何恶意成分。有理性的当事人具体会怎么做呢？

非常自然，可以假设他们将：

1. 从不选择最不偏好的项目；

2. 不会在虽然渴望获得的但可以推后进行选择的项目上“浪费”选择的机会。

为了展示这些假设的效果，我们再回到安和本的例子上面，考察一下这对离婚夫妇将如何分割财产。安在首轮里放弃她的首选（养老金），该决定是基于这样一个非正式的算计：假设本不会恶意伤害她，那么她可以将养老金留待下一轮再选。

我们现在来考察安将如何决定她的首选，以更加精确地展示安的如意算盘。她知道最终的选择顺序会按如下所示来填空：

	一选	二选	三选	四选
安：	—		—	
本：		—		—

安从右至左进行倒推，首先她把自己置于本的立场来考虑本的末选是什么呢？答案是，本的末选将是*安的选择单*当中最后一个项目——监护权。也就是说，本知道安从不会选择她最不偏好的项目（根据上述假设1以及我们有关本*知道*安是有理性的假设，再根据上述假设2，本绝不可能首选监护权而浪费机会）。因此，安可以把“监护权”作为*本的*末选填进表格：

	一选	二选	三选	四选
安：	—		—	
本：		—		监护权

（事实上，让安这么做，她*仅知道*本是有理性的还不够，她必须还知道本*知道她也*是有理性的。）

同理，本也绝不会选择*他*最不偏好的项目（养老金），这样安将等到她自己的最后一次机会才选养老金。因此，我们可以替安把“养老金”填进表格里面：

	一选	二选	三选	四选
安：	—		养老金	
本：		—		监护权

到目前为止，安和本就不必再考虑监护权和养老金了，仿佛这两

个项目从来不存在一样。余下两个项目的选择顺序是安—本。同样，安还是从右至左地填表，假设本会根据*她的*选择单由下至上地进行选择。下面的局面将是：

	一选	二选	三选	四选
安：	—		养老金	
本：		投资		监护权

最后，仅余下的项目肯定由安获得：

	一选	二选	三选	四选
安：	房子		养老金	
本：		投资		监护权

必须记住，上述过程只是安为了决定她的首选（房子）而进行的算计，安不能确保本的反应是接下去选择投资。

然而，不仅是本能促使当事方采取*由下至上战略*，该战略丰富的内涵导致了所谓*复杂选择程序*的诞生。1971 年，两位数学家 D. A. 科勒（D. A. Kohler）和 R. 钱德拉斯卡兰（R. Chandrasekaran）证明了由下至上战略是最优战略，从这个意义上讲，如果你知道你的对手在使用该战略，你的表现不会比你自己也使用它更出色。换言之，如果双方都在使用它，那么任何一方都没有理由偏离它，使得根据该战略作出的选择具有稳定性。

当然，依赖对手以既复杂又没有恶意的方式对你的选择作出反应，其风险是非常大的。也许更好的办法是双方都把对各项目的排序交给第三方，从而通过新的程序作出选择。不幸的是，即使这个程序也可以被操纵。我们仍然回到上述包含四个项目的例子当中：

排名	安	本
1	养老金	房子
2	房子	投资
3	投资	监护权
4	监护权	养老金

在这个例子里，由下至上战略使得安获得了排在她的选择单前两位的项目（养老金和房子），而本只获得了排在他的选择单第二和第

三位的项目（投资和监护权）。

现在假设本撒了谎，向第三方提交了与安一模一样的选择单，由此，根据由下至上战略，安将获得养老金和投资，而本获得房子和监护权。表面上看来，本仅仅获得了在他提交的选择单上排第二和第四位的项目，而实际上正如表达他真实想法的选择单所示，这些分别是排在第一和第三位的项目。因此，本的谎言奏效了：他用排在第一的项目（房子）替换了排在第二的项目（投资），而同时仍然获得了排在第三的项目（监护权）。

所以，存在一个最佳战略（由下至上战略），可被用于双方知道对方偏好的情况，也能被用于双方将选择单提交给第三方的情况。然而，即使通过由下至上战略所得到的选择结果是稳定的，提交一份不真诚的选择单也还是可以使其中一方对整个过程进行操纵，从而获得额外的利益。

评　估

现在我们将评价公平分配程序的标准用于严格轮流程序。

无妒忌

严格轮流程序可能引起妒忌，即使一个项目一个项目地进行比较。比如安先进行挑选，项目数为偶数，两人对项目的排序又完全相同，在这种情况下，本肯定会嫉妒安。这是因为，在他们两人一致偏好的前两个项目里，安将获得最为偏好的那个项目；而在接下来的两个项目里，安也将获得较为偏好的那个项目；依此类推。

效率

回忆一下第 1 章对某分配方案是无效率的定义：存在另外一种分配方案，使得某一方的福利得到提升，同时任何一方的福利都没有遭受损失。这样，效率问题关乎要求各方比较的不仅是每个独立的项目，而且是项目的集合体——从一种分配方案获得的项目集合体相对于从另一种分配方案获得的项目集合体。

但实际上，严格轮流程序的一个重要特征是当事各方永远都不必比较集合体——它只要求各项目间的比较。然而，各项目间进行比较的能力可以转化成项目集合体间进行比较的能力。例如，如果安偏好：

- 养老金甚于房子；
- 投资甚于监护权。

那么，在包含养老金和投资的项目集合体与包含房子和监护权的项目集合体二者中间，她肯定偏好前者。

如果我们继续假设一个新的项目添加到某集合体里面只能使得该集合体更加具有吸引力，那么安对于包含养老金、投资以及其他某个项目的集合体的偏好也将大于仅包含房子和监护权的集合体。在这种情况下，相对于后一个集合体来讲，前一个集合体被我们称为是*项目偏好的*(被其中一个当事方)。

假设：当事方只有在某集合体相对于另一个集合体是项目偏好的情况下才能对集合体作出比较，那么容易得到结论：严格轮流程序在满足了以下条件的前提下是有效率的：

- 双方都真诚地选择自己最偏好的项目；或者
- 双方都使用由下至上战略。

然而，在真诚战略的条件下，一方偏离了该战略将可能使其获得更好的分配结果（但建立在另一方的损失之上）。在涉及房子、投资、养老金和监护权的例子里，安获得了额外的福利，她的做法是越过她的第一偏好——养老金而首先选择她的第二偏好——房子。

相反，在由下至上战略的条件下，如果一方仅有一回单方面偏离了由下至上战略——哪怕在进行其他各项目的选择时还是遵循由下至上战略——那么该方不但在按项目进行比较时不会获得更好的结果，而且事实上会更糟糕。因此，在上述例子中，如果安（真诚地）选择了养老金而没有首先选择作为其第二偏好的房子，那么，安获得的分配结果会变得糟糕。

取而代之只有项目之间才能进行比较的假设，现在让我们假设任何两个项目集合体之间也可以进行比较。这时，严格轮流程序将不会产生效率。举例来讲，有 6 个项目，本认为它们几乎同等重要，而安只认为其中 2 个同等重要，除此之外，其余 4 个基本没什么价值。

这时，相对于严格轮流程序，安和本都将更欢迎安—安—本—本—本—本这个选择顺序，因为它使安的偏好几乎得到 100％的满足，同时满足本 67％的愿望，而严格轮流程序将只能满足安 50％的愿望（假设本选择了安偏好的 2 个项目当中的 1 个），同时也只满足本 50％的愿望（他只获得 3 个项目而不是 4 个）。

因此，严格轮流程序是否有效率在很大程度上取决于我们对于各方比较项目集合体能力的假设前提。在依项目比较的基础上，如果各方作出真诚或复杂的选择，严格轮流程序就是有效率的。但是当各方不被局限于各项目比较的范围里而是可以比较整个项目集合体时，便可能存在使双方都获利的其他选择顺序。

平　等

在严格轮流情况下，难以对是否平等作出判断。仍然以安和本为例，两人必须划分房子、投资和养老金等财产（暂时忽略监护权）。假如本首先选择而不是安，同时运用真诚和复杂战略，结果本得到了房子和投资，而养老金归安所有。人们也许会问，将房子和投资（本最偏好的两项）分给本，将养老金分给安，这个分配方案平等吗？

因为我们不知道房子和投资在本心中以及养老金在安心中各占多大比重，所以我们无法判断，根据各项目在本和安心中的价值，他们所获得的是否在价值上相等，但我们可以判断，每人必须至少分得的有多少。

因为本把房子和投资分别排在第一和第二位，他肯定会以为，他至少已经获得了总价值的2/3——排在最后一位的养老金的价值比重不会超过1/3。相比之下，假设养老金虽然是安的首选，但在安心中它的价值不过是所有三个待分配项目总价值的1/3。那么，根据两人对各项目价值的判断，安只得到了1/3，而本得到了2/3。

然而，如果安觉得养老金的价值在所有待分配财产中的比重超过2/3，而本认为三项财产的价值基本相同（所以，本获得的财产只是所有财产的2/3左右），在这种情况下，安分得的财产可能多于本。由此，仅根据当事人给各项目的排序，无法判断严格轮流程序是否具有平等性。

扩展至三个或更多当事方

严格轮流程序使先进行选择的一方获得优势，在只有两个待分配项目而有一方（比如，安）先进行选择并选择了她最偏好的项目时，这种优势非常明显。如果安选择的项目又恰好也是本所偏好的，那么相对安来讲，本肯定吃亏，因此，分配结果会引起妒忌。假设还有第三个项目以及另外一个人最后进行选择，她的偏好与前两个人相同，那么，在三个人当中，她最吃亏，既会嫉妒本，也会嫉妒安。

在某些情况下，需要给特定当事方一定的照顾。一些职业联赛，比如橄榄球，在吸收新球员加盟时，往往让那些在本赛季里表现平庸的球队先挑选球员，以使它们在下个赛季里能出色发挥。

典型的做法是，成绩最差的球队第一个进行挑选，第二差的球队随后，依此类推，按这个顺序进行一轮又一轮的挑选，直到最后新球员被挑选完毕为止。

这个程序平衡了球队和职业联赛的需要。对于职业联赛组织来讲，它总是希望球队之间势均力敌，这样比赛才能精彩，才能提高观众的兴趣，才能给所有球队带来更多收入。而对于球队来讲，它们总是希望挑选最好的球员，以增强获胜的机会，甚至赢得冠军。

把严格交替程序扩展至三个或更多当事方时，用“交替”（第一个先选，然后另一个选）一词就不再准确了，因为可能存在很多“另一个”，因此我们使用前面已经介绍过的“轮流”来代替“交替”。轮流的意思就是第一轮结束后才能进行第二轮，第二轮结束后才能进行第三轮，依此类推，每一方都必须遵守这个顺序。

当事方超过两个时，真诚选择战略比只有两个当事方的情况更容易被别人操纵。我们以亚特兰大、巴尔的摩和芝加哥三个球队以及中锋、护锋、擒抱队员、四分卫、前卫和后卫等六个球员为例，假设这六个球员将经过两轮被三个球队挑走。各队给球员的排序（最想要的球员排在前面）如下：

排　序

亚特兰大队	巴尔的摩队	芝加哥队
中锋	前卫	擒抱
护锋	后卫	后卫
擒抱	护锋	前卫
四分卫	中锋	四分卫
前卫	四分卫	中锋
后卫	擒抱	护锋

如果三个球队挑选的顺序是：亚特兰大、巴尔的摩、芝加哥，那么它们真诚选择的结果——轮次进行（第一轮挑选最想要的球员，第二轮挑选其次的）——尤其有利于亚特兰大队和巴尔的摩队，这两个队分别获得了最想要的两个球员（下划线所示）。

真诚选择

亚特兰大队	巴尔的摩队	芝加哥队
中锋	前卫	擒抱
护锋	后卫	后卫
擒抱	护锋	前卫
四分卫	中锋	四分卫
前卫	四分卫	中锋
后卫	擒抱	护锋

芝加哥队的情况也不错，获得了最想要的擒抱队员，四分卫在表中排在该队的第四位，最后也被挑走（请注意，排在芝加哥队第二

位、第三位的后卫和前卫在该队挑选第二名球员之前，已经被巴尔的摩队挑走了）。

不难看出，真诚选择总是有效率的，即使当事方超过两个球队：没有别的办法可以使*所有*球队的挑选结果依项目比较时都同时得到改善。我们的例子已经很清楚地说明了这一点。为了使结果得到改善，人们必须找到一种方法，使亚特兰大队和巴尔的摩队继续获得它们最想要的两个球员，而使芝加哥队的结果也同时得到改善。显然，这是不可能的，因为亚特兰大队和巴尔的摩队分别挑走了它们最想要的两名球员后，只剩下擒抱队员和四分卫，芝加哥队别无他选。

真诚选择的问题是，球队们总想背离真诚（参见以下“最佳背离的逻辑”）。遵循该逻辑，所有三个球队的最佳选择结果（下划线所示）是：

复杂选择

亚特兰大队	巴尔的摩队	芝加哥队
<u>中锋</u>	<u>前卫</u>	擒抱
护锋	后卫	<u>后卫</u>
<u>擒抱</u>	<u>护锋</u>	前卫
四分卫	中锋	<u>四分卫</u>
前卫	四分卫	中锋
后卫	擒抱	护锋

正如有两个当事方的例子，这些选择被认为是*复杂的*，结果也被称为*复杂结果*。

最佳背离的逻辑

假设亚特兰大队首先考虑挑选它的首选（中锋）。如果巴尔的摩队接下来选择了它自己的首选（前卫），那么，芝加哥队肯定会跳过擒抱队员而选择后卫——以免巴尔的摩在第二轮里把后卫挑走，这样三个队的结果是（在第二轮里，三个队只有真诚地进行选择才能维护自己的利益)：

- 亚特兰大队获得中锋和护锋；
- 巴尔的摩队获得前卫和四分卫；
- 芝加哥队获得擒抱队员和后卫。

由此，芝加哥队获得了最想要的两名球员。

如果巴尔的摩队估计到芝加哥队会作出战略选择，巴尔的摩队在首轮里就可能选护锋而非前卫。在这种情况下，芝加哥队只有选擒抱队员才能维护本队的利益。三个队的选择结果是：

- 亚特兰大队获得中锋和四分卫；
- 巴尔的摩队获得护锋和前卫；
- 芝加哥队获得擒抱队员和后卫。

巴尔的摩队的分配结果得到了改善。

到目前为止，我们看到如果亚特兰大队作出真诚选择，那么巴尔的摩队在首轮里选择护锋要比选择前卫好。同理，事实上巴尔的摩队在首轮里选择护锋总是比其他任何选择都好。因此，亚特兰大队知道，如果它自己在首轮里作出真诚选择，那么结果它会获得中锋和四分卫。

在这种方式下（暂时不考虑更复杂的情况），亚特兰大队如果在首轮里选择护锋，或除中锋以外的任何球员，该队的行为都可以决定三个队的最终结果。我们将所有的结果进行比较，发现最佳方案是亚特兰大队在首轮里选择擒抱队员（排在该队最想要的球员名单的第三位)。这样，最后的结果将是：

- 亚特兰大队获得中锋和擒抱队员；
- 巴尔的摩队获得前卫和护锋；
- 芝加哥队获得后卫和四分卫。

比较真诚选择和复杂选择，我们发现三个队在作出复杂选择时状况都恶化了，尤其是亚特兰大和巴尔的摩两个队，它们在作出真诚选择时分别获得了最想要的两名球员，但作出复杂选择时只分别获得了

排在各自名单里第一和第三位的球员。真诚选择的结果对芝加哥队也有利，因为该队可以获得擒抱队员，而复杂结果是该队获得后卫（无论真诚还是复杂选择，芝加哥队都获得四分卫）。因此，一个球员一个球员地进行比较，当所有球队的选择都是真诚的，那么每个球队或者得到相同的球员，或者得到更加偏好的球员。

总之，当每个球队在复杂选择的基础上遵循各自的最佳选择战略时，正如“最佳背离的逻辑”所示，结果却对每个球队都不利。这正是起源于 20 世纪 50 年代的博弈论里著名的“囚徒困境”情况在三个当事人情况下的具体表现（参见“囚徒困境的故事”）。

囚徒困境的例子里，两个囚犯遵循理性选择进行坦白，结果却比他们都保持沉默坏得多。同样在挑选球员的例子里，那三个或更多的球队在作出复杂选择时却“聪明反被聪明误”。这个奇怪现象已经被冠以“球员选择悖论”之名。其他竞争形式也一定程度上具有囚徒困境的特征，比如发展中国家多生多育的现象；企业低价竞争的现象等。发展中国家人口过多以及企业亏本降价等现象损害了参与其中的每个人的利益，但是每一对父母、每一家企业都有明确的动力这么做，而不会考虑其他人的行为。

如何才能避免“球员选择悖论”呢？不可能命令各队作出真诚选择以确保有效率的结果。请注意，在复杂选择的例子里，只有亚特兰大队在首轮里选择了擒抱队员才是不真诚的——后面各队都作出了真诚选择。然而，如果亚特兰大队在首轮里真诚地选择了中锋，巴尔的摩队和芝加哥队就有可能通过作出不真诚的选择而得利。

一个可以确保效率的做法是，在各队挑选完毕后再进行交换。然而，在橄榄球的例子里，唯一的交换却是三方的循环交换，擒抱队员去了芝加哥队，后卫去了巴尔的摩队，护锋去了亚特兰大队。而且，它无法通过互利的双向交换而得到实现，因为每个队都没有完全获得它所希望获得的球员。事实上，在复杂选择里，不可能进行互利的双向交换。

囚徒困境的故事

两人因涉嫌合谋作案被捕，并分别关押在不同的牢房里以免串供。至少其中一人坦白，法官才能获得足够的证据给他们定罪。为此，法官分别告知每个嫌犯，他们的（共同）行为将产生以下后果：

1. 如果一人坦白而另一人没有，那么坦白的人将无罪释放，没有坦白的人将判10年有期徒刑。

2. 如果两人都坦白，那么每人都将获得减刑，判5年有期徒刑。

3. 如果两人都不坦白，那么都将以携带藏匿枪支罪判1年有期徒刑。

假设两个嫌犯都无意互相揭发，那么他们会如何反应？首先，如果其中一人坦白，另一人最好也坦白以获得5年减刑，否则他将被判处10年有期徒刑。而另一方面，如果其中一人不坦白，另一人最好还是坦白以获得自由，否则他将在监狱里度过1年。因此，无论第一个嫌犯怎么做，坦白都对另一人有好处，即坦白是他的理性选择。当然，对第一个嫌犯也是同理。

在此逻辑指引下，两个嫌犯都会坦白，因此都将被判处5年有期徒刑。如果两人都不坦白，则将被判处1年有期徒刑，因此，不坦白对两人都有利——但不是理性选择，因为在不考虑对方的情况下，坦白总是带给他们一个更优的结果（徒刑期限较短）。

在公平分配问题里，可能很难找到三方循环交换的方法，虽然一旦找到就不太难安排这样的交换。因此，对于修补各方一旦失去真诚而产生的毁损，“交换出效率”显得很不实际。

上述例子中令人疑惑的一个特点是，如果亚特兰大队最后而不是最先进行挑选，那么三个队的结果都能得到改善；另外两个队的挑选顺序不影响最终的结果。事实上，当亚特兰大队最后进行挑选时，该复杂结果与真诚结果相同，而它们又与上述亚特兰大队最先进行挑选时的真诚结果相同（下划线所示）：

真诚与复杂选择

巴尔的摩队	芝加哥队	亚特兰大队
前卫	擒抱	中锋
后卫	后卫	护锋
护锋	前卫	擒抱
中锋	四分卫	四分卫
四分卫	中锋	前卫
擒抱	护锋	后卫

这个结果被称做“*球队位置悖论*”。一般来讲，如果球队放弃最先进行挑选的权利，结果将对该球队不利。然而，恰恰相反：当巴尔的摩队最先进行挑选，芝加哥队随后，亚特兰大队最后进行挑选，并且三个队都作出复杂选择时（在这个例子里碰巧也是真诚选择），亚特兰大以及巴尔的摩和芝加哥队的结果都得到了改善。这样，奇怪的事情就发生了：本来最先进行挑选的球队（亚特兰大队）可能会请求最后进行挑选，其他球队也会出于自身利益考虑而支持亚特兰大队的请求。

超过两个球队进行挑选时，如职业橄榄球的例子，就不存在两个当事人的例子里由下至上战略那样现成的简单规则，可以用来寻找复杂结果。复杂结果：(1) 不总是有效率的；(2) 不能通过简单的交换来获得效率；(3) 不一定有利于最先进行选择的一方；(4) 不一定是独一无二的（这一点不难证明）。这些事实让人们产生疑问：它们是三个或更多的当事方——假设各方已就优先挑选顺序达成共识——希望通过公平分配程序得到的结果吗？

当然，在很多情况下，人们并不希望确定优先挑选顺序，正如所有子女都被视为财产的平等继承人。因此，如果一定要使用某种轮流程序，问题往往不是如何确定优先，而是如何取消优先这个特权。

建 议

对于我们许多人来讲，小学时代为玩拼字游戏或者打球而必须搭伙时，我们就已经遇到了公平分配问题。当然从重要性的角度观察，孩子们作出的选择远远逊色于夫妻双方离婚时对财产分割作出的选择。然而，显然的事实是，在两类情况下，严格交替方法都被频繁使用——遑论其他许多涉及两个当事人以上的情况，比如划分遗产。

究竟什么使得严格交替方法获得如此广泛使用呢？答案在于，在两个重要标准上，严格交替方法大受好评：

1. 不需要当事方对其偏好进行陈述；

2. 易于理解和掌握，具有明显的公平性。

然而，严格交替方法也具有两个重要缺陷。第一是可能引发妒忌。即使通过掷硬币来决定谁先选择，先选择的一方可能获得明显的、永久的优势。这完全取决于运气，严重影响轮流的公平性，除非像职业联赛的情况那样，人们就是想让某些球队获得优势（如前所示，在复杂选择的情况下，也不一定能获得优势）。

严格交替方法的第二个主要缺陷是，只有在逐项比较时，该方法才有效率。在很多情况下，人们既愿意也有能力对项目集合体而不仅仅是各项目本身进行比较，这时往往会暴露严格交替方法无效率的一面。

然而，考察严格交替方法是否公平时，尤其是比较项目集合体时，很少发现该方法是有效率的。我们的第三种程序，经调整的赢家方法，可以满足公平的所有三个标准，但使用该方法要求当事各方披露有关其偏好的更多信息，而不仅仅是在每一步骤里指出其所偏好的项目。

严格交替程序有其优点，尤其像在挑选球员时人们想创造出某些特权。从理论上讲，选择结果可以被战略操纵，但即使假设当事方对偏好互相了如指掌，计算方法还是非常复杂。不但结果可能事倍功半，而且正如我们看到的那样，最终每个人的福利可能都会受到损害。

对于两个应该获得相同权利的当事方来讲，没有理由不给第二个进行选择的一方某些补偿，以尽量减少妒忌。只有当双方都认为各待分配项目在价值上大抵相同时——这样没人会过分在意挑选的顺序——严格交替程序才会因其简单方便的优点而得到广泛注意和使用。

第3章

均衡交替法

从第2章我们得知，只有两个当事方时，严格交替程序会使最先选择的一方获得很大优势。我们现在需要修改严格交替程序以降低最先选择一方的优势。一个叫做*均衡交替*的新程序使得当事各方在选择过程中的不同阶段轮流充当最先选择的一方。

但首先让我们剔除没有引起争议的项目，从而简化在任何交替程序下获得公平解决方案的任务。这个步骤使矛盾仅集中在那些*被竞争的*项目上面——双方在同一轮里都希望获得的项目——以某种方式让双方都能优先选择，同时获得想要的项目。

询问步骤

我们回到第 2 章描述过的离婚案例，在那个例子里，安和本分别把养老金和房子排在第一位。在这种情况下，因为双方的首选并不发生矛盾，我们就先索性把养老金分给安，把房子分给本，然后再考察其他几个项目。

从陈述偏好的角度来讲，该步骤仅仅要求离婚夫妻各自从待分配的项目集合体中指出一个偏好项目。如果每人指出不同项目，那么余下财产的分配就容易得多，仿佛养老金和房子都不是整个解决方案的一部分，这两个项目在寻找分配方案之前就已经被分配了。

如果夫妻双方一开始就对同一项目产生偏好，都希望自己能够得到它，那么，把该项目放到*待竞争项目集*合里，然后继续进行选择过程。让双方继续从余下的项目里指出自己偏好的项目——余下的项目必须是：(1) 尚未分给任何一方；(2) 尚未被放到待竞争项目集合里去。把不同的项目分给安和本，或将两人都希望获得的项目放到待竞争项目集合里，能导致这个结果的过程就被称做*询问步骤*。

该步骤看上去需要一个仲裁人或中间人，以询问安和本最偏好的项目是什么，如果两人最偏好的项目不同，那么就把它们分给两人；如果恰好相同，那么就把它放到待竞争项目集合里。然而，在实际操作时，并不需要这样一个人。安和本可以私下里把他们偏好的项目分别写在一张纸条上，再同时加以宣布。

这样循环往复，安和本在每一阶段都将选择两个不同的项目，或者如果是相同的项目，就把它放到待竞争项目集合里。如果有 8 个待分配项目，那么为了将所有 8 个项目分配下去，则需要询问的次数介乎 4～7 之间。

● 如果所有项目在分配过程中从未出现竞争，那么需要 4 次询问

（每次分配 2 个项目）；

● 如果在分配过程中总是出现竞争，那么需要 7 次询问（每次 1 个项目都无法分配；最后一个项目也有竞争，所以不需要再问第 8 次了）。

使用该询问步骤的重要结果之一是，安和本可以就待竞争项目集合里各项目由最好到最次的排序完全达成共识。他们认为最好的，即最希望获得的项目就是第一个被放到待竞争项目集合里去的那个；他们认为第二好的项目就是第二个被放到待竞争项目集合里去的那个。依此类推。

由此，我们简化了公平分配问题，只需分配待竞争项目集合里的项目即可，而在该集合里，当事双方对各项目偏好的顺序完全一致。假设当事方不会因为获得未竞争项目的分配而改变了偏好，他们会对集合里的每一个项目逐一进行竞争。

在这种情况下，与第 2 章里的几个例子不同的是，当事各方不能因作出不真诚的选择而获利。结果是，在严格交替程序下，对集合里的项目作出真诚选择将是他们的最佳选择。

轮流、轮流、再轮流

通过设立询问步骤和待竞争项目集合，我们消除了当事各方可能作出不真诚选择的问题。但从第 2 章我们知道，即使作出真诚选择，严格交替也会产生不公平。所以，让我们考虑一下严格交替程序的替代方案。假设在待竞争项目集合里有 4 个项目等待分配，安最先进行选择。除严格交替程序以外（安—本—安—本），另外还自然存在两个程序：

● 安—本—本—安；

● 安—本—本—本。

这两个程序都以某种形式降低了安作为先选择一方的优势，起到了补偿本的效果，安选择完毕轮到本时，他可以连续选择一个以上的项目。

显然，双方的地位甚至比严格交替程序下还不对称，无论分配结果怎样，如果一方认为其对手受到了该程序的偏袒，无疑会引发恶感。

实际上，即使双方偏好项目和偏好顺序都完全一致，我们仍然不得而知，连续给本两个甚至三个选择机会是否足以弥补本没有先选择而遭受的损失。很容易就可以设想出即使连续获得三次选择机会都不足以维持公平的情况。比如，待分配的项目分别是：一辆跑车、一个床头柜、一座钟和一盏灯，那么，在安—本—本—本的顺序里，你真的愿意做本吗?

解决先选择问题：两次轮流

让我们从最简单的公平分配问题入手，即在待竞争项目集合里只有一个项目。如果安先选择，那么，该项目归她所有，而本一无所获。有两个项目时，情况也没有得到很大改善：如果两人偏好的顺序继续保持一致，那么，安获得了两人都最偏好的项目，本只获得了排在后面的项目。在上述两个例子里，除了承认交替程序的局限性以外，我们束手无策。也许可设计一个随机程序来决定谁先进行选择以降低武断性，但这样做使得谁获得优势纯粹成为运气问题。

然而，在有几个项目的情况下（为具体起见，假设有 4 个），轮流，这个交替程序的基本原则却可以减弱先选择一方的优势。更准确地讲，交替程序的基础步骤无非下面两种之一：

1. 安先步骤：安选择一个项目，然后本选。

2. 本先步骤：本选择一个项目，然后安选。

显然，安先步骤使安获得优势，本先步骤使本获得优势。无论哪种情况，我们把交替都称做轮流。

为公平起见，我们同时使用安先和本先步骤。在 4 个项目的情况下，安先步骤加上本先步骤——两人先选的地位互换——导致的结果并非严格意义上的交替：

安—本—本—安。

该4项目的选择顺序被称做*轮流轮流*。为便于掌握这个术语，最好将“轮流”记做*一次轮流*(安—本)，而将“轮流轮流”记做*两次轮流*(安—本—本—安)。

三次轮流，四次轮流，更多轮流

我们的分析不局限于两次轮流。假定4项目下的两次轮流——安—本—本—安——使安的优势大于本。我们不认为情况总是如此，但它倾向于赋予安更大的优势。

在以下情况下，该假定成立：(1) 当事方以同样的方式给各项目排序（比如因为询问步骤的存在）并真诚选择（如果他们的排序一致，真诚选择总是最佳战略）；(2) 当事方认为前两个最偏好项目之间的差别大于排在后面的两个项目之间的差别。

为了更好地说明问题，假设4个项目分别是：

- 一辆二手车（价值3 000美元）；
- 一架钢琴（价值2 000美元）；
- 一幅画（价值1 000美元）；
- 一个沙发（价值500美元）。

如果安和本只关心这些项目的货币价值，那么，上一段的假定就成立：汽车和钢琴的价差（1 000美元）大于画和沙发的价差（500美元）。

所以，在我们的例子中，安经过两次轮流后获得的利益大于本。安先选择汽车，然后本选择钢琴和画，最后安选择沙发。安获得了价值3 500美元的项目，而本获得了价值3 000美元的项目。

如果两次轮流的顺序有利于安，那么，在8个项目的情况下，再重复一次这个顺序是否公平？将两个“安—本—本—安”的顺序放在一起，我们得到：

安—本—本—安—安—本—本—安（*重复两次轮流*）。

两个两次轮流顺序的并列或两次轮流顺序的重复，也可以按如下方式描述：安先挑选一个项目，然后本和安交替，每次挑选两个项目，最后一轮由安挑选一个项目。运用于职业联赛挑选新球员时，即第一个球队先挑选一个球员，以后其他球队一次挑选两个球员，该模式被称做*变更型做法*。而最常使用的还是严格交替程序，被称做*一般型做法*。

根据我们给出的假定条件，重复两次轮流顺序时，安每次都比本获得更多优势，换言之，在8个项目的情况下，重复两次轮流就使得安获得了*双重优势*。

为避免这个问题，我们用*轮流轮流轮流*或*三次轮流*的顺序来修正8个项目的挑选顺序，安—本—本—安之后接本—安—安—本，即：

安—本—本—安—本—安—安—本（三次轮流）。

请注意，在第二个4项目选择顺序里，本的地位得到了提高。

随着项目数由2增加到4、8、16或更多，通过不断增添“轮流”，本的地位会进一步得到提升。该程序被称做*均衡交替*。

其具体操作过程为：假设通过掷硬币决定由安先进行选择。如果等待分配的项目是一个或两个，我们使用一次轮流：

1个项目：安；

2个项目：安—本。

如果项目数是3个或4个，我们使用两次轮流：

3个项目：安—本—本；

4个项目：安—本—本—安。

如果项目数是5～8个，我们使用三次轮流：

5个项目：安—本—本—安—本；

6个项目：安—本—本—安—本—安；

7个项目：安—本—本—安—本—安—安；

8个项目：安—本—本—安—本—安—安—本。

对于9～16个项目的情况，我们使用16项目选择顺序的四次轮流。8项目的三次轮流后接该轮流顺序的“倒置”，即为四次轮流：安—本—本—安—本—安—安—本的顺序后接本—安—安—本—安—本—本—安，形成：

安—本—本—安—本—安—安—本—本—安—安—本—安—本—本—安（*四次轮流*）。

该16项目选择顺序可以通过以“安—本”替换8项目选择顺序里的每一个“安”，以“本—安”替换每一个“本”而获得。如果项目数是9～16个，我们就可以使用该顺序。举例来讲，如果项目数是11个，整个顺序将以安选择第11项而结束。

如果项目数是17～32个，我们仅把紧接着刚刚给出的16项目选择顺序（四次轮流）后面的16项目选择顺序里的“安”和“本”互相替换，就可以得到新的选择顺序了。同理可得出33～64个项目、65～128个项目的选择顺序。

在均衡交替程序下，任何一方都不会连续超过两次选择，但这不等于说，连续三次选择毫无道理。想想我们前面举过的例子，按照安—本—本—安的顺序，安最后获得了价值3 500美元的项目，本获得了价值3 000美元的项目。如果顺序变成安—本—本—本，给本连续三次选择机会，那么，安会获得价值3 000美元的汽车，除此以外的都归本所有，价值3 500美元，恰好颠倒了两次轮流顺序的分配结果。在这个例子里，三次选择和两次选择看上去一样公平。

让我们回忆一下，从一次轮流重复到两次轮流是建立在这样一个假设的基础上：当事方前两个最偏好项目之间的差别很可能大于排在后面的两个项目之间的差别。因此，在安—本—本—安的顺序里，本还是落后于安。但在这个顺序后面加上本—安—安—本，形成8项目的三次轮流，本的地位就可以得到改善。随着待分配项目的增多，形成越来越多的轮流，在均衡交替程序下，本和安之间的平衡关系逐渐得到修复。

增添询问步骤

既然有了均衡交替程序，我们就需要重新思考询问步骤的使用，在本章开始部分使用了询问步骤，但只是在严格交替程序下使用。即使交替程序不是严格的，也还是应该在挑选项目前使用该步骤。它有助于简化问题，只需对竞争项目集合里的项目进行分配，并使用均衡交替程序。

然而，问题是应该把均衡交替顺序的哪部分应用到待竞争项目集合？可以应用整个顺序，也可以从覆盖待竞争项目集合的那一点开始应用。因为存在上述两方面争执，我们还是看一下在第2章说明严格交替程序时用过的例子：

排名	安	本
1	养老金	房子
2	房子	投资
3	投资	监护权
4	监护权	养老金

如果使用安—本—本—安的两次轮流，并且双方都作出真诚选择，那么在没有询问步骤的情况下，安会选择养老金，接着本会选择房子和投资，最后监护权归安所有。不可思议的是，本来处于劣势的本却获得了他最偏好的两个项目（房子和投资），反而安只获得了她最偏好的第一个项目和排在最后的项目（养老金和监护权）。

我们现在把询问步骤加进去。首先，安和本同时分别获得养老金和房子，双方在这两个项目上不发生竞争。接下去在投资和监护权上就发生竞争了（双方对投资的偏好都大于监护权），因此，这两个项目被放入待竞争项目集合里。现在的问题是，应该使用（1）安—本的顺序（安—本—本—安顺序的开始部分）还是（2）本—安的顺序（安—本—本—安的结束部分）？无论使用哪种顺序都似乎有理可言：

1. 安—本顺序本来就是均衡交替程序为存在两个竞争项目、安先进行选择的情况开出的处方，而在待竞争项目集合里毕竟也只有两个项目。如果使用安—本顺序，双方都可以获得各自最偏好的以及排在第三位的项目（安获得养老金和投资，本获得房子和监护权）。

2. 在均衡交替程序为分配四个项目所开的处方里，最后两个项目的分配就应该按照本—安的顺序进行。使用该顺序，本获得他最偏好的前两个项目（房子和投资），而安获得排在她偏好表里第一和最后的两个项目（养老金和监护权）。

尽管在这个例子中方案 1 似乎是更为公平的解决办法，但也确实存在使用方案 2 的理由，比如请注意观察，使用方案 2 的结果与在不使用询问步骤的情况下使用均衡交替程序的结果恰恰吻合，然而，我们只能把它作为巧合来处理。总体上讲，在下述三种情况下使用均衡交替程序会导致三种不同的分配结果：(1) 不使用询问步骤；(2) 使用询问步骤和方案 1；(3) 使用询问步骤和方案 2。

让我们回忆一下在严格交替程序下使用询问步骤的合理性：它使当事方在分配最重要的项目之前就把不存在竞争的项目分配完毕（在我们的例子中，双方在养老金和房子上没有发生竞争），只对偏好顺序完全一致的项目进行竞争和分配（在我们的例子中指的是投资和监护权）。这样做的时候，究竟安还是本应该先挑选，则听天由命了。

均衡交替程序还有很多其他方面的优点，因此，询问步骤进行之后这样处理似乎比较恰当：根据方案 1，安先选择。换言之，处理待竞争项目集合里的分配项目，从选择顺序的一开始就应使用均衡交替程序。

评　估

将评估公平分配的三个标准应用于均衡交替程序，我们发现比严格交替程序有很大改进。

无妒忌

总体上讲，以无妒忌的标准来衡量，均衡交替程序要好于严格交替程序。事实上如果只进行逐项比较，而且如果任何一方都不认为其中两个项目在价值上有连带关系，那么不难表明任何以安—本—本开始的顺序都是无妒忌的。但是，假设恰好有三个项目等待分配，而安认为在各项目之间有某种关联，那么她就会嫉妒本，因为本获得了两个项目，她自己只有一个项目，或者本获得的项目在价值上是她获得的项目的两倍。

效　率

事实证明，均衡交替与严格交替程序在效率上平分秋色。如果只进行逐项比较，那么无论当事方使用真诚战略还是由下至上（复杂）战略，在两种交替程序下的分配结果都是有效率的。

另一方面，如果当事方能够比较项目集合体，那么很容易就会发现一些情况，即，相对于安—本—本顺序的分配结果，安和本两个人都更加偏好于另外一个分配结果（比如，从本—安—安顺序得到的分配结果）。举例来讲，如果本认为其中两个项目基本上毫无价值，同时，安认为三个项目的价值大致相同，这时，就会发生上述情况。

在安—本—本的顺序下，安只会得到总价值的1/3，而如果安恰好选择了本最偏好的项目，则本实际上一无所获。相比在本—安—安的顺序下，本实际上获得了他想要的一切，同时安获得了她需要的2/3。结果是，按照与均衡交替选择程序所不同的一种方式进行分配，当事双方的福利却都得到了提高，这种情况的存在导致均衡交替程序有时是无效率的。

平　等

与严格交替程序一样，如果只建立在排序基础上，那么平等与否是很难衡量的。但我们还是可以认为，至少在直觉的层次上，均衡交替程序更为平等，因为第二个进行选择的当事方有更多的机会挑选在其排序表中比较靠前的项目。

扩展至三个或更多当事方

均衡交替

为了使均衡交替程序普遍适用于三个或更多的当事方，我们首先假设有三个人：安、本和卡罗，分别以其开头字母A、B、C代表，随机地以ABC的顺序挑选1～3三个项目。一次轮流后，得到三个项目的选择顺序是：

1～3 个项目：ABC（*一次轮流*）。

轮流、再轮流，或两次轮流时，接下来三个项目的选择顺序与前三个项目的选择顺序正好逆转，ABC 后接 CBA，即：

4～6 个项目：ABCCBA（*两次轮流*）。

C 通过在第二轮里最先行使选择权而连续获得两次选择机会，在某种意义上，对其在第一轮里最后进行选择给予了一定的补偿。

为了得到三次轮流的选择顺序，我们将两次轮流里的 A 与 C 互换：ABCCBA 后接 CBAABC，即：

7～12 个项目：ABCCBACBAABC（三次轮流）。

请注意，如果我们把 C 从三次轮流的顺序里剔除，将得到 ABBA-BAAB 的顺序；如果剔除 B，将得到 ACCACAAC 的顺序；如果剔除 A，将得到 BCCBCBBC 的顺序。因此，三个当事方对 12 个项目的三次轮流是前文论及的两个当事方对 8 个项目的轮流顺序的一般表现形式。

在增添了以 D 表示的第四个当事方的情况下，我们得到如下顺序：

1～4 个项目：ABCD（*一次轮流*）；

5～8 个项目：ABCDDCBA（*两次轮流*）；

9～16 个项目：ABCDDCBADCBAABCD（*三次轮流*）。

在四个当事方、三次轮流的顺序里，如果我们任意剔除其中两个当事方——如 A 和C——而保留其余两个（B 和 D），那么得到的顺序是：

BDDBDBBD

恰好是两人的三次轮流顺序。总之，以上述剔除方式就可以得到余下当事方的相应的选择顺序。

也许把均衡交替程序一般化于任意数量当事方的最简单方法就是从两人顺序开始。比如，对多及 32 个项目的情况，我们得到的选择顺序是：

ABBABAABBAABABBABAABABBAABBABAAB（*五次轮流*）

如果有三个当事方，我们就以 ABC 替代每一个 AB，以 CBA 替代每一个 BA，从而得到三个当事方的五次轮流顺序（多及 48 个项目）。同理以此类推，可以得到更多当事方、更多项目的选择顺序。

对公平的粗略衡量

对于三个当事方分配三个项目的情况，我们不得不使用 ABC 的选择顺序，因此 B 和 C 获得与 A 相同待遇的希望非常小（除非 B 认为其中两个项目的价值大抵相同，而对于 C 来讲，所有三个项目的价值都差不多）。但 6 个项目的 ABCCBA 的选择顺序，或 12 个项目的 ABCCBACBAABC 的选择顺序又是什么情况呢？

在 6 个项目的 ABCCBA 的选择顺序情况下，对三个当事方来讲，最坏的情况不过是：A 获得排在第一和第六的项目，1 和 6 的平均数 $3\frac{1}{2}$就代表了 A 的分配情况；B 获得排在第二和第五的项目，2 和 5 的平均数也是 $3\frac{1}{2}$；C 获得了排在第三和第四的项目，3 和 4 的平均数也是 $3\frac{1}{2}$。所以，从三个当事方所获得的项目的平均排名来看，他们的待遇是平等的。

然而，这种平均排名的衡量方法并不能确保公平。当事方可能遇到的一种情况是，待分配的是众多价值相近的小项目，那么只要数一数每个当事方所获得的项目，就可以知道分配结果是否公平了。另一个极端的情况可能是，一个项目对所有当事方来讲价值是 1，第二个项目的价值是$\frac{1}{2}$，第三个项目的价值是$\frac{1}{4}$，依此类推，那么，谁获得了最有价值的项目，谁获得的价值就比其他所有当事方获得的项目加总后的价值还要高。

当事方获得的项目数不同时，均衡交替程序就又会遇到一个问题，而这种情况是完全有可能发生的。举例来讲，三个人分 10 个项目意味着必定其中一人将获得 4 个项目，其余两人每人获得 3 个项目。如果在这种情况下也使用平均排名的方法，那么对于本来是公平的分配结果来讲，4 个项目的平均排名有可能小于 3 个项目的平均排名。

也许并没有衡量公平的“最佳”方法，这在很大程度上取决于各项目的性质及其在各当事方心中的价值。尽管均衡交替法削弱了最先进行选择的当事方在严格交替法下所拥有的特权，但如果当事方都仅偏好其中同一个或两个项目，那么，均衡交替法尚不足以对后面进行选择的当事方提供补偿。

毫不例外，缺乏效率

无论严格交替法还是均衡交替法，如果当事方没有作出真诚的选择，那么当事方由两个变成三个时，真正的区别是效率的丧失。为了验证即使在均衡交替法下，所有当事方也都有可能像在严格交替法那样“反被聪明误”，我们还是以三个球队挑选六个队员的情况为例：

排　序

亚特兰大队	巴尔的摩队	芝加哥队
中锋	前卫	擒抱
护锋	后卫	后卫
擒抱	护锋	前卫
四分卫	中锋	四分卫
前卫	四分卫	中锋
后卫	擒抱	护锋

为了决定复杂选择的结果，我们必须对几种情况都进行考察（参见“复杂选择的决定过程”）。经过两轮挑选之后，复杂选择的结果如下所示，应该指出的是，芝加哥队在第一轮里连续进行了两次挑选(顺序是 ABCCBA)：

复杂选择

亚特兰大队	巴尔的摩队	芝加哥队
<u>中锋</u>	<u>前卫</u>	擒抱
护锋	后卫	<u>后卫</u>
<u>擒抱</u>	<u>护锋</u>	前卫
四分卫	中锋	<u>四分卫</u>
前卫	四分卫	中锋
后卫	擒抱	护锋

事实表明，均衡交替法下的复杂选择结果与严格交替法下的复杂选择结果完全一致。因此，所有三个队的结果都不如第 2 章所展示的严格交替法下真诚选择的结果好，简单地概括就是：

- 亚特兰大队真诚选择时可以挑选到中锋和护锋，这要好于它在复杂选择时挑选到中锋和擒抱队员的情况；
- 巴尔的摩队真诚选择时可以挑选到前卫和后卫，这要好于它在复杂选择时挑选到前卫和护锋的情况；
- 芝加哥队真诚选择时可以挑选到擒抱队员和四分卫，这要好于它在复杂选择时挑选到后卫和四分卫的情况。

当每个队都遵循各自的最佳战略时，与*严格交替法*下的真诚选择结果相比，所导致的复杂结果却损害了每个队的利益。

然而奇怪的是，*均衡交替法*下的真诚选择结果——与复杂选择结果相比——并不会同时改善所有队的情况：

- 亚特兰大队真诚选择后只挑选到中锋和四分卫，不如复杂选择的结果；
- 巴尔的摩队真诚选择和复杂选择的结果一样，都挑选到前卫和护锋；
- 芝加哥队的真诚选择结果好于复杂选择结果，它挑选到擒抱队员和后卫。

最值得注意的是，只有连续进行了两次挑选的芝加哥队的情况相比均衡交替法下复杂选择的结果有所改善——该队获得了其最想拥有的两名球员，而在严格交替法下，所有三个队真诚选择的结果都比复杂选择的结果好。实际上，芝加哥队在均衡交替法下的真诚选择结果甚至比它在严格交替法下的真诚选择结果好，后者使该队获得了擒抱队员和四分卫（最想拥有的第一和第四名球员）。因此，均衡交替法肯定有助于后进行选择的当事方，但如果所有当事方都进行复杂选择，结果也就不尽然了。

复杂选择的决定过程

假设选择顺序是ABCCBA，其中A代表亚特兰大队，B代表巴尔的摩队，C代表芝加哥队。显然，芝加哥队最好的情况就是对连续两次的选择机会进行真诚选择，因为该队再没有其他机会了。同理，亚特兰大队和巴尔的摩队也必须对第二次机会进行真诚选择。因此，我们只需考虑亚特兰大队的第一次机会和巴尔的摩队的第一次机会（在亚特兰大队之后）。

暂时假设亚特兰大队最先挑选了中锋，那么，巴尔的摩队在其两轮机会里无论先挑选前卫还是护锋，都能确保可以获得这两名球员（因为在这两种情况下，芝加哥队会相应地分别挑选擒抱队员和后卫）。如果巴尔的摩队的第一轮挑选了后卫，或在其给队员的排序表中位置低于后卫的任何球员，那么巴尔的摩队肯定要吃亏。因此，如果亚特兰大队最先挑选中锋，那么巴尔的摩队将在前卫和护锋中择一，芝加哥队则将在擒抱队员和后卫中择一。亚特兰大队最终获得中锋和四分卫。

同理可以分析假设亚特兰大队最先挑选护锋的情况。那么，巴尔的摩队的最佳选择就是在前卫和中锋之间择一，无论先挑选哪一个，最后都会拥有这两名球员。由此，亚特兰大队的结果是获得了护锋和四分卫。

另一方面，如果亚特兰大队先挑选了擒抱队员，那么与上述两种情况相比，该队的结果都会得到改善。这是因为巴尔的摩队接下去的最佳选择是前卫，由此，三个队的分配情况是：

- 亚特兰大队：中锋和擒抱队员；
- 巴尔的摩队：前卫和护锋；
- 芝加哥队：后卫和四分卫。

很容易证明，如果亚特兰大队最先挑选的球员在其自己的排序表里的位置低于擒抱队员，那么，该队的结果肯定不如上述情况。因而，复杂选择的过程将会如下所示：在首轮里，亚特兰大队最先挑选擒抱队员，然后巴尔的摩队挑选前卫，最后芝加哥队挑选后卫和四分卫。在第二轮里，巴尔的摩队挑选护锋，余下的中锋则被亚特兰大队挑选。

建 议

如果我们要平等对待当事方，那么在本来可以选择均衡交替法的时候，没有理由一定要使用严格交替法。事实上，均衡交替法具有严格交替法的所有优点——当事方既无须陈述偏好，也不必为是否得到公正对待而担忧，同时，均衡交替法还克服了严格交替法的一个显著缺陷——在逐个项目进行比较时，可能在当事方中间引起嫉妒。

真正的问题在于，其他一些交替顺序整体上是否会优于均衡交替法？例如，对4个项目进行分配时，安—本—本—本的顺序是否比安—本—本—安的顺序更好？抽象地讲，这个问题很难回答，人们总是可以想象出比均衡交替顺序安—本—本—安更公正的情况。具体来讲，假设安和本都认为其中3个项目之和都不及另外那个项目，那么，把这3个项目都分给一个当事方总比只把其中两个项目分给该当事方要公正。

安—本—本—本顺序产生的问题是：它赋予某个当事方超过1个项目的优势（本获得3个项目，安获得1个项目），当有很多待分配项目且它们的价值基本相等时，该顺序则不尽公平。正是因为这个原因，应该避免使用类似安—本—本—本的分配顺序。只有当事方都认为这个顺序为最佳方案时才遵照当事方的意见。

如果在当事方具体明了自己能从每个顺序获得什么结果之前让他们在均衡交替法和严格交替法之间进行选择，他们几乎都会选择均衡交替法。但是均衡交替法有时也会在当事方中间引起嫉妒，例如，比较项目集合体时，其中一方认为自己获得的价值不如另外一方。下面将针对这个问题介绍另一种程序，它可以帮助当事方平均分配不同项目集合体的价值。

第 4 章

先分后选法

《希伯来圣经》讲述了这样一个故事：亚伯兰（Abram）（后被称做亚伯拉罕，Abraham）与罗得（Lot）结伴旅行，最终来到一片土地，但只能维持其中一人的生存，于是，两人的牧人（herdsmen）发生了争吵。亚伯兰为罗得提供的解决方案惊人地简单：

> 你我不可相争，你的牧人和我的牧人也不可相争，因为我们是骨肉。遍地不都在你眼前吗？请你离开我：你向左，我就向右；你向右，我就向左。（《创世纪》第十三章 8 节～9 节）

罗得接受了这个建议，选择了约旦平

原，而亚伯兰则留在了迦南（Canaan）。实际上，亚伯兰提出了划分土地的建议，罗得选择了自己最偏好的那部分土地。

历　史

有趣的是，先分后选法在几千年的历史进程中经常被使用。赫西俄德（Hesiod）在其 2700 年前写就的《神谱》（*Theogony*）一书中就提到了这个公平分配的方法，从 5000 年前的圣经时期一直写到古希腊时期。古希腊神话里，普罗米修斯和宙斯不得不分一块肉，普罗米修斯把肉分成两堆，宙斯选择了其中一堆。

更近的时期，普利默·列维（Primo Levi）在其 1979 年的作品《逝去的记忆》（*Memoirs of Reprieve*）里描述了第二次世界大战期间德国在波兰的奥斯威辛集中营使用先分后选法的情况：

> 写完信之后，格里格拿起一块面包，连同刀一起递给我。所有以面包支付的情况，都由其中一方把面包切开，由另一方选择，这样，切面包的人会将面包尽量均分，这已成为一个习惯、一个不成文的惯例。我感到很奇怪，格里格竟然已经知道了这个规矩，但我马上想到，这个规矩也适用于集中营以外的世界，那个我不知道的格里格的世界。我切了面包，他兴高采烈地说着表扬的话。两份面包一样多实际上对他不利，但是我已经尽量做了，这一点毫无疑问。

这段叙述让我们清楚地看到先分后选法为何被认为是公平的：切面包的人尽可能让两份面包一样多，从而确保无论另外一个人选择哪一份，自己都能够获得 50%。

当然，面包是同性物品（homogeneous good），里里外外每个部分都同质。如果双方对面包的价值持同样观点（分量越大，价值越高），那么毫无例外地必将使用先分后选法，但前提条件必须是进行公平分配，从而双方获得的面包数量相等。然而，如果等待分配的是异质（heterogeneous）物品，双方对其各部分价值持有不同观点，情况又将怎样？

这个问题几年前曾出现过，当时英国和埃及必须分配双方共同的考古成果。所有的考古所得都是不同的，不可能进行平均分配。最后，两国考古专家想出了一个聪明办法，让英方把所有的考古发现分放于开罗博物馆的两个房间，然后来自埃及文化部的代表经过仔细研究后选择了其中一个房间的物品，另外一个房间的物品则归英国所有。

如果埃及获得的考古成果应该是英国的两倍，从而正确的分配比例是2∶1，情况又如何？英方就可能需要把它们放在三个房间里，埃方从中选择两个房间的物品。

在先分后选程序下形成战略选择，很大程度上取决于分者所掌握的选者的偏好信息。下面我们将首先解决这些问题，然后再考察将先分后选法延伸到三个或更多当事方的情况，并对使用该方法提出一些建议。

战 略

哪些人愿意做分者、哪些人愿意做选者？如果我们这样问一组人，答案可能非常接近，并且双方都会强烈表达对各自答案的信心。双方都正确吗？从某个意义上讲，是的。事实证明，正确与否取决于每一方对另外一方偏好的掌握情况以及双方的动机。

为了举例说明上述观点，我们假设安喜欢巧克力口味的程度是喜欢香草口味的3倍，而本对两种口味没有特别偏好。现在两个人要使用先分后选法切分一块含有75%香草和25%巧克力的蛋糕，由安来切，本来选。

如果安对本的偏好完全不了解，那么她肯定会平分蛋糕，以确保自己能够得到蛋糕价值的一半。而她对于自己想要哪一半的决定却可能使本获利。比如，她很可能把香草和巧克力分开，因为 75%的香草在她眼里与 25%的巧克力等价。这样，使得本可以选择香草部分的蛋糕，并认为自己获得了蛋糕价值的 75%。

另一方面，如果安知道本对两种口味没有特别偏好，她切分蛋糕时就可以让其中一块仅含有略大于2/3的香草部分，从本的角度看，这块的价值要比另一块价值高，因为它的价值略高于1/2（即2/3×3/4）。另一方面，本认为价值略低的那一块蛋糕却使安获得了

- 所有的巧克力（在她眼里是全部价值的 1/2）；以及
- 1/3 的香草（在她眼里是全部价值的 1/3×1/2=1/6）。

因而，如果本选择了在他眼里略大一点的蛋糕（即略多于 2/3 的香草），那么，安就会认为她获得了全部价值的 2/3(=1/2+1/6)。

但是本面临着安为他提供的对他来讲几乎完全等价的两个选择。如果本知道他只要选择稍大一点的蛋糕，安就会获得相当大的帮助，他就有可能故意选择稍小一点的蛋糕。

尽管本为此要作出一点牺牲，但他可能更愿意置安于不利并从中获得满足，对他来讲，这样做没有任何不合理的地方。这种敌意行为在离婚和其他个人纠纷当中并非罕见，这时双方对彼此的偏好情况了如指掌，而敌意情绪却往往占据上风。

为了进一步阐释先分后选法的战略因素，让我们考虑一个实际生活中发生的例子。一对夫妇在缅因州拥有、经营农庄，丈夫去世后，妻子卖掉了农庄和房屋，搬到了佛罗里达州居住。她在缅因州留下了一些对她已经没用的物品，但对仍然居住在缅因州的两个孩子，布拉德和迪克，却有帮助。这些物品包括：

一艘 12 英尺长的铝制划艇；

一台 3 马力的艇外马达；

一架保存相当完好的钢琴；

一台小型个人电脑；

一把狩猎用来复枪；

一箱工具；

一台机后带犁的1953年福特拖拉机；

一台相对老旧的起重卡车；

两台机动脚踏两用车（小型动力自行车）。

为方便起见，假设我们能钻进两个儿子的心里，并能精确计算上述每一个项目在两个儿子心中各占多少比重。基本上，布拉德接受过商业培训，喜欢音乐，而迪克居住在农村，是个运动员。因而，布拉德对钢琴和电脑肯定抱有更浓厚的兴趣，迪克则对划艇、两用车、拖拉机和起重卡车更有兴趣。兄弟两人对各项目的价值判断如下（占总价值的比重）：

	布拉德(%)	迪克(%)
一艘12英尺长的铝制划艇	6	14
一台3马力的艇外马达	6	14
一架保存相当完好的钢琴	17	2
一台小型个人电脑	17	1
一把狩猎用来复枪	4	4
一箱工具	6	2
一台机后带犁的1953年福特拖拉机	2	21
一台相对老旧的起重卡车	8	14
一台机动脚踏两用车（小型动力自行车）	17	14
一台机动脚踏两用车（小型动力自行车）	17	14
总计	100	100

如果由迪克来分，并且他不掌握布拉德的偏好情况，那么他可能会为自己构筑以下50—50的分配方式：

第一组：划艇（14%），电脑（1%），拖拉机（21%），一台两用车（14%）；

第二组：一台艇外马达（14%），钢琴（2%），来复枪（4%），工具（2%），卡车（14%），一台两用车（14%）。

布拉德会选择第二组，因为对他来讲这一组代表总价值的58%（=6%+17%+4%+6%+8%+17%）。

如果由布拉德来分，并且他不掌握迪克的偏好情况，那么他可能会为自己构筑以下50—50的分配方式：

第一组：划艇（6%），电脑（17%），拖拉机（2%），卡车（8%），一台两用车（17%）；

第二组：一台艇外马达（6%），钢琴（17%），来复枪（4%），工具（6%），一台两用车（17%）。

迪克会选择第一组，因为对他来讲这一组代表总价值的64%（=14%+1%+21%+14%+14%）。

然而，如果分者知道选者的偏好情况并且要对此加以利用（参见"掠夺性战略"），就会出现另外一个结果。无论迪克还是布拉德作为掠夺者，都可以成功地掠夺对方，作为分者，他们可以保证自己获得总价值的80%以上，同时保证选者也获得自认为的总价值的50%以上。现实中，这种掠夺行为也比较难以操纵，部分原因是选者可能进行反击，故意采取敌意行为。更可能发生的情况是，分者不一定具有充足的信息来作出如此精细的计算。

掠夺性战略

布拉德和迪克是失散13年的兄弟，但他们相处融洽，且对彼此的偏好情况了如指掌。如果他们想利用这点知识，结果会怎样？假设迪克是分者，他可能这样构筑分配方案（显示的百分比是迪克心中的）：

第一组：划艇（14%），艇外马达（14%），来复枪（4%），拖拉机（21%），卡车（14%），一台两用车（14%）；

第二组：钢琴（2%），电脑（2%），工具（1%），一台两用车（14%）。

对迪克来讲，第一组占总价值的81%，而第二组仅占19%。但不管怎么说，布拉德将选择第二组，因为在他眼里，第二组占总价值的57%（=17%+17%+6%+17%）。

事实上，迪克会把工具放到第一组里，从而使得两组在布拉德眼里形成49—51的分配格局，在他自己眼里却是83—17。然而，这样做风险和收益同样巨大。布拉德有可能选择第一组，因为相对来讲，他从第二组里获得的好处太少了，而第二组对迪克来讲却只值17%。

另一方面，如果布拉德是分者，他可能这样构筑分配方案（显示的百分比是布拉德心中的）：

第一组：钢琴（17%），电脑（17%），工具（6%），卡车（8%），两台电动车（34%）；

第二组：船（6%），艇外马达（6%），来复枪（4%），拖拉机（2%）；

对布拉德来讲，第一组占总价值的82%，第二组仅占18%。然而，迪克会选择第二组，因为他认为第二组占总价值的53%（=14%+14%+4%+21%）。

先分后选法的对称化

我们可以想象布拉德和迪克为了争夺分者的权利而导致矛盾不断激化。结果肯定是有效率的——任何一方都不能在不损害另一方利益的基础上使自己获得更大的福利。但值得付出如此大的代价吗？公平和善意难道不是比物质收获更重要吗？

对先分后选法进行改进就可以解决这个问题，即使用手指移动程序（moving-finger procedure）、对称化的先分后选法，达到双方都认为是50—50（因而是公平的）的分配方案（必须承认大多数情况下都缺乏效率）。

现在考察一下布拉德和迪克两兄弟将怎样使用该方法。开始应该由裁判（例如，某项遗嘱的执行人）把所有待分配项目以某种顺序排列。当然，如果双方都认为其中某个项目的价值比其余所有项目价值加总之和还要高，那么就只能把该项目出售，并以所得现金取代该项目。但并非所有情况都需要此过程。

随着裁判的手指从第一项依次往下移动——仿佛一把刀将蛋糕慢慢切开——布拉德或迪克随时可以喊“停”，只要他认为那一刻已经大致处于 50—50 的状态。假设各项目的顺序如前所述，结果应该是当裁判的手指刚好移动至来复枪下面时布拉德喊停，该点对他来讲恰好是 50—50，而对迪克来讲则是 35—65：

船
艇外马达
钢琴
电脑
来复枪
———
工具
拖拉机
卡车
两用车
两用车

由于迪克没有喊停，因而我们知道他认为上部分的价值还不及下部分。这时该轮到布拉德开始把上部分的一些项目转移到下部分，同时，把下部分的一些项目转移到上部分，但转移的原则是，每次转移后他仍然认为上下部分的价值基本相等。

例如，布拉德也许会将电脑转移到下部分，同时把一台两用车转移到上部分（他认为电脑和两用车等价）。这时对迪克来讲，结果已经非常接近 50—50（48—52）了，他就可以适时地喊停。

每部分归谁要通过投掷硬币决定，因此兄弟两人都要确保两部分差不多等价。因此，可以肯定的是：（1）解决方案不会引起嫉妒，因为兄弟两人谁都不会觊觎对方；（2）两人都不会因为对方更满意分配方案而产生敌意。该解决方案也能够防止兄弟两人因为剥削了对方——哪怕是不经意的——而产生负疚感，因而该解决方案也是“无负疚感”的。

尽管手指移动程序创造了公平的分配方案，但它可能非常缺乏效率，尤其当双方都偏好不同的项目，而且如果分别获得这些项目便能互利互惠时。但无论如何，它确实保证了公平，当事双方不用再次重复儿时曾经经历过的那些复杂的盘算：

> 我对一个与切蛋糕有关的动态问题感兴趣：已知一个比萨饼被不均匀地切成数块，还已知姐妹们吃饼的速度，她们要用多少时间能够吃完手里的饼，饼的总块数，每块饼上奶油的数量，每块饼的温度，等等，求证我应该先吃哪一块。例如，我应该先吃块小的，这样我吃完得快，可以在姐妹们吃完之前再吃一块。

如果这仅仅是“孩子的把戏”，那么当成人试图操纵公平分配过程时，就完全有理由担心公平分配是否可靠了。

评　估

先分后选法（以及手指移动法）是否符合我们有关公平的标准?

无妒忌

先分后选法（以及手指移动法）可以确保双方不互相嫉妒，因而该方法不引起妒忌。当然，如果分者试图占便宜，那么选者一个小小的判断失误导致他选择了“错误”的部分，分者就会非常嫉妒选者。更糟糕的情况是，如果选者心存恶意，双方就会互相嫉妒了。另一方面，从敌意行为中获得的满足感也许可以弥补物质损失。

效　率

以下是一段家喻户晓的儿歌，取自《鹅妈妈》(*Mother Goose*)：

杰克·斯伯莱特不吃肥的，
他妻子不吃瘦的；
夫妻俩正合适，收拾了台布，
把盘底儿舔个干净。

在这段儿歌里，杰克和他妻子分别吃光了喜欢的肉。但是如果由杰克来分肉，而他并不知道他妻子的偏好，他将不得不让每块肉里都有一半瘦肉。因而考虑到他和妻子的口味，这种做法则非常没有效率。

现在假设分者知道选者的偏好，那么分者的最佳掠夺性战略也总是导致基本有效率的分配结果。例如，由妻子切分的结果在她丈夫的眼里是 49—51，而在她自己眼里是 70—30。假设丈夫选择了第二块，得到了自己想要的 51%，那么妻子得到第一块，即她想要的 70%。

现在我们再假设存在其他分配方案，使得妻子在不损害丈夫利益的情况下提高自己的利益。比如说，在丈夫眼里他获得的仍然是 51%，但在妻子眼里她获得的是 71%。因此，从战略的角度出发，妻子可以在保证丈夫获得 51%不变的情况下，自己获得略多（71%）的份额。只要妻子遵循 49—51 的比例切分，那么分配就是有效率的。当然，如前所示，手指移动程序总体上讲会丧失效率。

公　平

在交替程序下，只需逐个项目进行比较。相比之下，先分后选法需要比较整个项目集合体；根据双方拥有的信息，无论分者还是选者都有可能获得比对方更多的利益。因此，总体上讲，先分后选法不是公平的分配方法。尽管手指移动法旨在实现公平，但却牺牲了效率。

扩展至三个或更多当事方

学术界真正认真关注把先分后选法扩展至三个或更多当事方还是

在20世纪40年代期间，几名波兰数学家在该领域作出了重要贡献，其中有斯坦凡·巴拿赫（Stefan Banach）、布劳尼斯罗·纳斯特（Bronislaw Knaster）、胡奥·斯坦豪斯（Hugo Steinhaus）。

我们现在举例说明这几位数学家的研究成果以及随后的一些研究工作。假设安、本、卡罗等三人必须分配几个项目，随机挑选其中一人——比如安——按照她认为的平均分配把这些项目分成三份。会产生什么问题呢？我们能否向三人推荐一些战略，以防止任何一人多拿多得？

让三个人依次挑选是不会奏效的，因为尽管在安看来已经是平均分配了，但在本和卡罗眼里，其中一份可能具有最高的价值（比如占总价值的70%），而另外两份的价值则小得多（比如分别占总价值的20%和10%）。

份	*安*	*本和卡罗*
1	33.3%	70%
2	33.3%	20%
3	33.3%	10%

我们对于这样的情况有些什么办法呢？

既然本和卡罗认为其中一份（第三份）仅值10%，而安认为它值33.3%，那么可以把它分给安。然后，本和卡罗可以把余下的90%（第一份和第二份）加在一起，并使用先分后选法，这样每人都能保证自己至少得到33.3%（这个例子里实际上是45%）。最后，三个人都至少得到了1/3。

尽管该程序较好地适用于三个人的情况，但却不能防止产生妒忌。除非本和卡罗对余下2/3的分配结果在安眼里*精确地*做到了50—50平分，否则，安就会嫉妒本和卡罗中的一人（但不能对两人都嫉妒——在安的眼里，本和卡罗不可能同时获得多于1/3的份额，因为安在一开始就已经进行了平均分配，所以只有2/3留给本和卡罗去分配）。

对三个人的情况来讲，困难不仅在于实现按比例分配，而且在于不引起妒忌。假设还是由安把所有项目平均分成三份。通过投掷硬币决定接下去轮到本，但他不认为三份是平均的：在他看来，有一份最大，有一份第二大，有一份最小。

这时，本从最大的一份里拿走几个项目以使它在价值上与第二大的那份相等（不断削减最大的一份，直到它在价值上与第二大的那份相等，此过程叫做*修剪*——trimming）。把这些被修剪下来的项目放到一边，接下来按照卡罗、本、安的顺序挑选，但条件是如果卡罗没有挑选被本修剪过的那一份，本自己必须挑选那一份。

卡罗不会嫉妒任何人，因为她最先挑选，认为哪个大（从价值的角度看）就可以选走哪个。既然本使最大的两份在价值上相等，那么卡罗未挑选的那份就可以归他所有（如果卡罗没有在这两份里挑选，那么这两份就任由本挑选），在他眼里，这份在价值上至少与其他相等。最后，根据游戏规则，被本修剪过的那一份肯定不归安所有，结果她获得的那一份在价值上也至少与其他相等（正是安自己在最开始把所有项目平均分成了三份）。

我们怎样处理那些被修剪下来的项目呢？这是个难题。一个答案是重复以上程序，修剪、挑选，再修剪、再挑选，问题是这个过程可能无休无止，尤其是蛋糕、派这样的待分配项目，每一轮都会产生被修剪下来的项目，被修剪下来的项目又会产生出被修剪下来的项目，依次往复。

现实生活中，当分配进行到最后阶段的时候，当事方很少会在意那些被修剪下来的项目；分配过程会在不引起任何人嫉妒情绪的情况下圆满结束。然而，实际上还有一种方法来处理这些被修剪下来的项目——既不会无休无止，也不会引起嫉妒情绪——既适用于三个人的情况，也适用于三人以上的情况。该方法被称做*修剪程序*（trimming procedure），涉及修剪最大的份额以使之与其他份额等值的过程，就像刚刚描述的那样。当然，该程序取决于物品是否可分，这意味着当它们被分割或修剪时，其价值不会遭到损害。

理论上，修剪程序适用于任何数量当事方的众多公平分配问题，其中包括资格（entitlement）问题，如遵照遗嘱分配遗产。有关资格的另外一个例子是联合政府里各职位的分配问题，在议会里拥有较多席位的政党一般拥有首相或外长这样较多显赫的政府要职。

划分土地在历史上一直是个问题。发生在 20 世纪的一个案例值得在这里回顾一下，尤其因为它非正式使用了修剪程序。1943 年盟国原则同意在第二次世界大战结束后把德国划分为几个占领区。英国、美国和苏联达成协议后，法国又参与进来，英美两国分得的区域约为德国总面积的2/3，其中一部分要分给法国，这个过程就涉及某种修剪程序。几个月的技术性讨论使

> 英美两国陷入僵局。丘吉尔态度非常强硬，坚决要求获得德国西北部地区，因为那里有资源丰富的鲁尔工业区；另一方面，美国因为担心自己卷入法国国内政治而拒绝接受德国西南部地区。这种局面持续了很长一段时间，罗斯福才最终作出让步。与获得战争的胜利比起来，瓜分德国是处于第二位的。

使问题更加复杂的是，苏联提出要从德国获得更多的补偿，苏联的要求尤其遭到英国反对。

后来，英美两国还探讨了交换土地的可能性，即把两国按计划应该获得的土地进行交换，显然，两国都垂涎对方的土地。尽管交换土地的做法最终未能实现，但美国在英占区获得了过渡性权利（transit rights），减轻了缺少海路通道的担忧。实际上，这个做法可以被视为修剪程序，赋予美国海路通道使得美占区与英占区同样宝贵，而对美国作出这个让步又不改变英国对英占区的偏好。

最初盟国无法就如何处理柏林达成协议。作为德国最大的城市，尽管柏林深入苏占区 110 英里，但它对西方的盟国（英国、法国和美国）来讲太重要了，这几个国家绝不甘心把柏林拱手让给苏联。最后，盟国决定把柏林也分成四个区域，由四个盟国分别管理。这个例子向我们展示了修剪程序的工作原理，先把一些项目修剪掉，再使用修剪程序进行分配。

建　议

1982 年《联合国海洋法公约》（the 1982 Convention of the Law of the Sea）使用了先分后选法，该公约有 159 个缔约国（包括美国），1994 年 11 月 16 日正式生效。它规定发达国家开采海床时，都必须把那段海床划分为两个段带。由发达国家资助但通过国际海床管理局（International Seabed Authority）代表发展中国家利益的国际开采公司与进行开采的发达国家共同成为当事双方，开采公司在两个段带中挑选出来一个，另一个就归发达国家进行开采。这种方式保证了部分海床可以留给发展中国家进行商业开发，而如果没有国际开采公司，大多数发展中国家都无力承担。当然，恐怕再过 10 年，发展中国家也不会真正进行开采活动，所以这个方法也尚未经受考验。

显然，当只有一个物品需要分配时，比如海底油层或油田，均衡交替法几乎毫无用处。当需要分配的物品超过一个但没有很多时，勉强可以使用先分后选法，因为把物品组合成不同份数的可能性不太大。

在均衡交替法和先分后选法都可以使用的情况下，先分后选法无疑具备一些优势。例如，通过先分后选法进行的分配不会引起当事方相互嫉妒，而均衡交替法无法做到这一点。此外，对称化的先分后选法还能保证公平。那么，如今何以如此少地使用先分后选法呢？

答案在于先分后选法使用上的复杂性。与只需进行逐项比较的均衡交替法不同，先分后选法必须比较整个项目集合体，而这个工作可能非常辛苦。以离婚夫妻划分婚姻财产为例。在 1987 年的小说《落日后的航行：茅琳·约翰逊的生活与爱情》（*To Sail Beyond the Sunset：the Life and Loves of Maureen Johnson*），又名《为了纪念一位不同寻常的女士》（*Being the Memories of a Somewhat Irregular Lady*）一书里，罗伯特·A·海恩伦（Robert A. Heinlein）向读者展示了使用先分后选法的潜在的致命后果：

“是的，亲爱的，从最开始讨论离婚和划分财产的时候，你就一直在欺骗我。”我笑着对他说。“但我不会让你得逞的，你会为你的所作所为而后悔的。现在把这两张单子给我拿回去，再重新安排一下。财产分配必须完全公平，以至于无论我拿走哪张单子、给你留下哪张单子，你都不会在乎。或者，如果你愿意的话，把划分财产的任务交给我，由你来挑，怎么样？你当然不会把所有的财产都写进一张单子里，然后对我说这张单子就是你的了吧。那么，是我分你选呢，还是你分我选呢？”

他用了整整一个星期才做好，可怜的人到最后几乎筋疲力尽了，但至少他又重新做了两张单子。

编制两张“单子”不会总如海恩伦描写的那么艰巨，然而却常常麻烦至极。更糟的是，先分后选法往往达不到有效率的分配方案，以使任何一方在不损害对方利益的情况下都不能提高自己的利益。

先分后选法的缺陷也出现在战略问题上。即使分者可以对选者的偏好加以利用，并构筑一种分配方案，认为选者有可能挑选其中一组——而该组绝非分者愿意接受的——但无法保证选者会按照分者的意图行事。假如选者出于无知或恶意而没有挑选那一组，那么分者自己最后获得的项目价值也很有可能大大低于50%。

分者把所有的项目进行平均分配就可以避免发生上述结果，从而先分后选法不会引起当事方的嫉妒。但是如果当事方对分配结果都感到不满意——知道对双方来讲尚有更好的分配方案——那么先分后选法不引起嫉妒的优点与缺乏效率的缺点比起来就不值得夸耀了。效率问题的确成为使用先分后选法的最大障碍，因此一般不推荐使用该方法。

另一方面，使用先分后选法有些时候具有无可比拟的优势，例如遇到划分土地问题时（在圣经故事里以及油层分配问题）。原因之一是它不引起嫉妒，在解决个人纠纷时这个优点特别重要。原因之二是使用手指移动程序可以将它对称化，这样在需要分配很多项目时可以保证公平。

修剪程序根植于先分后选法，通过该程序使每一份的价值相等，从而当事各方都能获得最大的价值。然而，把所有项目修剪成价值相等的几份，操作起来相当困难。而且，有些物品无法进行修剪或切除，例如房屋，当然共享或轮流居住有时可以解决此类问题。因此，尽管我们脑海中需要时刻记住修剪程序，但若不经过变形，修剪程序很难得到有效使用。这也是把先分后选法扩展至三个或更多当事方时要付出的代价。

然而，有一种程序适用于两个当事方的情况，它既不引起嫉妒，也能保证效率和公平。而且，正如我们将要看到的，该程序还便于使用。

第 5 章 大师 细说博弈论

调整赢家法

让我们对前面的几种方法进行一下小结。两种交替程序，即严格交替（第 2 章）和均衡交替（第 3 章）都便于使用，尤其是询问步骤把待分配的项目减至仅仅发生竞争的项目上面。但是，严格交替程序把巨大的优势赋予了最先选择的一方，而均衡交替程序虽然对此进行了改进，却仍然有两个缺陷：

- 当事方可能互相垂涎，引起嫉妒；
- 即使不会引起嫉妒，双方获利程度也可能不同，从而导致分配结果不公平。

在仅有两个当事方的情况下，如果他们是

真诚的或者使用了由下至上战略，那么两种交替程序在逐项比较时都是有效率的（根据逐项比较的标准，均衡交替程序也不引起嫉妒）。

先分后选法（第 4 章）要求双方能够比较整个项目集合体，它在本书目前探讨的所有方法中使用起来最困难。在两个当事方的情况下，它能够确保不引起嫉妒，但如果分者不掌握选者的偏好情况，那么这种方法就缺乏效率。反之，如果分者事先知道选者的偏好并加以利用，那么分配结果虽然有效率，却有失公平。另一方面，如果选者也拥有分者的偏好信息并采取了敌意行为，那么分配结果将缺乏效率。我们也看到，尽管修剪程序使先分后选法适用于两个以上当事方的情况，但使用起来却相当复杂。

我们能否同时满足所有三个标准——无妒忌、有效率和公平？答案是肯定的，至少对两个当事方的情况可以做到同时满足三个标准。为此，本章将要介绍一个新的程序，叫做调整赢家法（adjusted winner，AW），本书余下的部分将把该方法实践于不同的公平分配问题。

调整赢家法的概念

AW 法下，处于争议中的当事双方必须要作出比均衡交替法下更艰难的选择，因为双方必须为每一个待分配项目给出以数字表示的价值。使用 AW 法实现的分配结果比均衡交替法和先分后选法更显公平。

与先分后选法和均衡交替法一样，AW 法开始时也要给有争议的物品或问题打分，总分为 100。当事双方通过打分表明自己的价值取向，即在获得不同项目的情况下，自己获取的价值各为多少。这些价值取向可以披露，也可以保密，都构成对有争议的物品或问题进行公平分配或解决的基础。

以前为了解决其他问题也曾使用过打分法（point-allocation schemes）。20 世纪 80 年代中期，罗素・雷恩（Russell Leng）和威廉姆·埃普斯坦（William Epstein）、斯坦芬·萨特（Stephen Salter）等政治学家曾提出过两个方案，用以解决超级大国削减武器问题，但这些方案当时都没有得到采用。根据雷恩-埃普斯坦方案，每个超级大国应该给其*对手的*所有武器打分，总分为1 000分，该对手则应该削减武器以使1 000分下降一定比例，比如 10%。根据萨特方案，每个超级大国应该给*自己的*所有武器打分，其对手则负责指出哪些武器需要削减，这些被削减的武器的价值应该等于某个事先约定的比例。

在分配物品时，让当事双方给物品打分可能会遇到双方是否诚实的问题。同样，在处理问题时，让双方通过打分法表明每个问题对自己的重要性，也会遭遇诚实问题。

在前面的章节里我们也遇到了类似的战略问题。比如第 4 章里，我们看到在先分后选法下，一方在知道对方偏好的情况下，如何能够对这个信息加以利用。同样，在第 2 和第 3 章介绍的严格交替法和均衡交替法下，一方也可以利用自己对对方的偏好信息而获得比真诚选择时更大的利益。

然而我们也看到，在三个当事方的交替程序下，如果他们作出了复杂选择，那么他们三人的福利都可能会下降。实际上，他们所使用的战略可能将他们引入三个人的囚徒困境。

诚实问题具有普遍性，任何讨价还价或公平分配问题都会遭遇这个问题。正如某理论家所言：

> 偏好通常是私人信息，我们不应该期望人们会诚实地披露这些信息，除非这样做对他们有利。因此，我们面临的挑战是设计出一些程序，以诱导人们披露足够的个人偏好信息，从而帮助我们公平有效地解决问题。

我们将看到，如果不是从理论上就是从实践上，AW 法为人们提供了上述激励机制。首先，还是让我们先描述一下该方法的工作原理吧。

描　述

我们以具体例子来描述AW法。假设安和本正在打离婚，必须要划分以下项目：

1. *退休金账户*。本多年工作积累了一笔六位数的退休金。这笔退休金对夫妻双方都非常宝贵，对安尤其宝贵，因为本在退休前再次积累出同样数目退休金的机会比安大。

2. *房屋*。这是一座很美但并不十分豪华的房屋。由于本需要住得离工作单位近，因而房屋对本来说更有价值。

3. *避暑用的乡间小屋*。这座小屋一年才住一次，因此比起夫妻俩的家来讲次要得多。但安觉得，在那里住一阵会非常舒服。

4. *投资*。大部分为共同基金，与退休金比起来少得多。

5. *其他*。这个栏目里包括两辆汽车和一艘比较昂贵的能够容纳四个人的游船，本为之自豪。

根据夫妻两人对各项目的偏好，我们假设安和本对5个项目的打分情况如下：

安和本对各项的打分情况

项目	安	本
退休金	<u>50</u>	40
房屋	20	<u>30</u>
乡间小屋	<u>15</u>	10
投资	10	10
其他	5	<u>10</u>
合计	100	100

AW法下，对每项谁打分最高就把它分给谁（如下划线所示）。这样，房屋归本所有，因为他给房屋打30分而安打20分。同理，本获得了“其他”里的项目，安获得了退休金和乡间小屋。先不计双方打分一样的项目（投资），安共获得了65分（＝50＋15）而本获得了40分

（=30+10），这样调整赢家法里的“赢家”过程就结束了。

本在分数上落后于安（40 分对 65 分），于是我们先把双方打分一样的投资分给本，从而使得他的分数提高到 50 分（=40+10），这样就启动了 AW 法的“调整”过程。该过程的目标是通过把项目从安转移到本，直到双方分数相等而实现公平分配。

该过程里重要的是转移项目的顺序。作为最初的赢家，安获得一些项目，并将在调整的过程里放弃一部分，据此得到的比重就决定了转移项目的顺序。对分配给安的每一个项目，都以本给该项目打的分数去除安给该项目打的分数：

$$\frac{\text{安（最初的赢家）给该项目打的分数}}{\text{本（最初的输家）给该项目打的分数}}$$

在我们的例子中，安被分配了两个项目，即退休金和乡间小屋。退休金的比重为 50/40=1.25，乡间小屋的比重为 15/10=1.50。

我们从最小比重的项目开始，把项目从安转移给本（下文将把该项目称做*最小比重*项目——smallest-ratio item），即比重为 1.25 的退休金，然后再逐步转移比重较大的项目，直到双方获得的项目价值相等为止。

然而，如果把整个退休金账户都转移给本，那么本的分数将提高到 90 分（=50+40），而安的分数则降至 15 分（=65−50）。显然，把整个退休金账户都转移给本的做法过犹不及，使本在分数上大大领先于安。

因此我们得到的结论是：夫妻双方将不得不共享退休金账户。现在的任务是找到双方从账户里各得多少比重，以使两人的总分数相等。

通过试错可以大致找到这个比重。比如，既然本获得投资后落后安 15 分（安的分数为 65 分，本的分数为 50 分），那么，可以多分给本 8 分，这样安的分数也将同样大致减少 8 分。

因为本给退休金账户打了 40 分，所以 8 分意味着他将获得退休金的 1/5（=8/40）。如果确实将退休金的 1/5 分配给本，那么他的总分将达到58分（=50+8）。

安的情况将怎样呢？她给退休金打了50分，放弃1/5即意味着她的总分将减少10分而下降至55分。目前本的总分为58分，领先于安的55分，这说明从安向本转移得太多了。

一个简单的方程式就能够帮助我们找到确切的转移比例。设x为本应该获得的退休金比重，转移后，本的总分应该为$50+40x$，安的总分应该为$65-50x$。本的总分与安的总分相等，即x应该满足方程式：

$$50+40x=65-50x$$

求x，得：

$$90x=15$$

$$x=15/90=1/6$$

因此，本应该获得1/6的退休金，安获得5/6的退休金。

在此之前，本获得了房屋（他认为值30分）、其他项目（他认为值10分）和投资（双方都认为值10分），总分为50分。安获得了退休金（她认为值50分）和乡间小屋（她认为值15分），总分为65分。本和安按1∶5共同享有退休金，则本的总分变为：

$$50+40\times(1/6)\approx50+6.67=56.67$$

安的总分变为：

$$65-50\times(1/6)\approx65-8.33=56.67$$

换言之，根据*他（她）们各自*对不同项目的估价，双方获得了完全相同的分数。因而，假设双方对各项的打分和估价诚实地反映了其对各项的获取愿望，那么主观地讲，双方获得了相等的利益。

根据上述例子，现在我们总结一下AW法的使用方法。双方分别给每个项目打分，总分各为100。分数代表了每个项目在他（她）们心中的价值，价值高的分数则高。

然后双方把各自的估价交给一名裁判或中间人，该裁判或中间人将以下述方式进行分配（可以使用电脑进行有关计算，但很少需要这样做）：

1. 对各个项目，哪一方打的分数高就暂时分给哪一方。

2. 对双方打分相同的项目，以某种顺序逐一地分配给在那个时点上分数较少的一方。

3. 如果双方的总分一致，那么分配就结束了。

4. 假设一方比另一方获得了更多的分数，那么一方将以某种顺序向另一方转移项目（或项目的某些部分），直到双方获得的分数相等为止。该转移过程叫做公平*调整*(equitability adjustment)。

5. 转移过程从具有最小比重（一方对各项目的打分与另一方对各项目打分的比例）的项目开始，然后依次转移比重稍大的项目。

对该过程稍加修改就可以适用于当事双方权利不对等的情况——例如，离婚协议规定，安应该得到财产的 3/5 而本得到余下的 2/5。对这种情况的处理请参见“不对等的资格”(unequal entitlements)。

现在我们回头看看布拉德和迪克兄弟在缅因州分家产的例子，兄弟两人对母亲留下的 10 个项目享有平等的权利。假设两人各自认为每个项目的价值占总价值的比例就是他们将给每个项目打的分数，那么使用 AW 法，布拉德将获得钢琴、电脑、工具和两辆两用车，总分 74 分。同时，迪克将获得船、艇外马达、拖拉机和卡车，总分 63 分。

即使将双方给予同样多分数的来复枪分给迪克，迪克还是以 67 比 74 分落后于布拉德。在布拉德比迪克打分高的所有项目里，比重最小的项目就是两用车，比重为 17/14≈1.21，于是我们就从两用车开始进行转移。

不对等的资格

假设根据离婚协议，安应该获得财产的3/5，本应该获得财产的2/5，双方的比重为3/2=1.5。因为安最初领先于本的比重已经超过了 1.5（在双方打分不一样的项目上面，安获得了 65

分，本获得了40分，即65/40=13/8=1.625)，因此，应该把部分双方打分一样的项目，即投资（双方都给此项目打了10分)，分给本。显然，不能把价值10分的投资全部分给本，否则，最后的比重65/60=13/10=1.3将使安的比重低于应该获得的1.5，而本的比重又太高了。

设x为本应该从投资里获得的比例，那么，安获得的比例就应为$1-x$。本的总分为$40+10x$，安的总分为$65=10(1-x)$。因为安和本的最后得分应该为3/2，那么：

$$\frac{65+10(1-x)}{40+10x}=\frac{3}{2}$$

$$2[65+10(1-x)]=3(40+10x)$$

第二个方程式保证了安的分数（中括号所示）将大于本的分数（圆括号所示)。求x，得：

$$50x=30$$

$$x=30/50=3/5$$

因而，本获得投资的3/5，安获得2/5，在该项目上，本获得6分，安获得4分。最后，安的总分为69分（=65+4)，本的总分为46分（=40+6)，双方分数的比重为69/46，或3/2。

从延伸的意义上讲，这个分配结果是公平的。安和本都在他（她）们应该获得的60%和40%的基础上多获得了15%。同时，它也不会引起嫉妒，虽然本获得的分数不到一半（46分)，但他不会嫉妒安，因为按照本的估价，安获得的价值的2/3仅有(2/3)×54=36（根据离婚协议，本只能获得安的2/3)。

设x为迪克应该获得的两用车的比例。转移后，迪克获得的分数将为$67+14x$，布拉德的分数为$74-17x$，二者相等，即，

$$67+14x=74-17x$$

求x，得：

$$31x=7$$

$$x=7/31\approx0.226$$

因而，如果把两用车卖掉，那么迪克和布拉德将分别获得所得钱款的23%和77%。或者，其中一人可以拥有两用车，但要付对方相应的钱款。

兄弟两人还是决定把一台两用车卖掉，结果他们都获得了70多分：

$$67+14\times0.226=74-17\times0.226\approx70.16$$

与安和本离婚时每人大约获得57分相比，这个数字可是大得多。

两个例子出现差别的原因在于：布拉德兄弟的例子中，兄弟两人对各项财产所打分数的差距远大于安和本夫妻两人对各项财产所打分数的差距。这使得在布拉德兄弟划分财产时更可能出现双赢的局面。

评　估

AW法符合所有的标准。

无妒忌

AW法在这方面表现得不是特别明显，但实际上，它总是符合此项标准：按照各自的打分标准，每一方都至少获得50分，这样，双方不会互相嫉妒，因为不会垂涎对方获得的项目。尤其引人注目的是，即使其中一方事先知道对方对各项目的打分情况并加以利用，AW法也同样不会引起嫉妒。正如我们在下一节将要看到的那样，这种情况虽然会伤害对方的利益，却无法使他的分数降低到50分以下。

效　率

有效率是AW法最值得夸耀的特点——其他任何方法都不能使当事双方同时获得更多的分数。然而实现效率也非易事，尤其是在打分法程序下。由于其他方法无法使安获得更多分数而又不减少本的分数，反之亦然，因而，AW法可以确保不会错过任何实现双赢的机会。

决策分析家拉尔夫·基尼（Ralph Keeney）和霍华德·拉法（Howard Raiffa）为了解决分配的效率问题，曾经建议发生争议的当事方先提出一个“可以接受”的解决方案，然后由第三方——合同的监督方（contract embellisher）在此基础上朝有效率的方向进行调整，拉法称之为“后解决方案的解决方案”（post-settlement settlement）。但他们既没有对“可以接受”给出明确定义，也没有对怎样调整作出具体说明。

相比之下，假设当事方在给各项目打分时是诚实的，AW法本身就能够确保效率。理论上，我们后面将要看到，当事方可以通过不真实反映自己的偏好而获取额外的利益。正因为错误反映偏好将降低AW法的吸引力，我们也有理由担心使用该方法缺乏“安全”保障。

但事实证明，除非一方知道另一方的*确切*打分信息，否则AW法基本上是不受操控的。假设情况不是这样，那么中间人也将发挥重要但不权威的角色，尤其当需要决定的问题不是离婚时遭遇的谁将得到哪些物品，而是在处理有争议的问题时谁将占上风（第6、7、8章将对此进行更加详细的探讨）。因而，中间人与其费力地诱使当事方达成协议，不如帮助他们：（1）认清发生争议的各种问题；（2）在每种方法的得失利弊上达成共识；以及（3）根据每个问题对当事方的相对重要性打分。

尽管中间人不像仲裁人那样可以对怎样解决争议作出决定，但AW法下的中间人对争议各方如何最好地求同存异提出建议，因而其作用不仅仅局限于中立的第三方。AW法为其提供了一个重要工具，使其帮助争议各方自己对最重视什么作出决策，从而中间人得以在公平分配问题上作出新的贡献。因而，AW法鼓励争议各方展示他们的立场——不仅仅是讨价还价的立场——并为他们以打分形式作出的选择所带来的一切后果承担责任。

公　平

公平调整程序（如前所述）保证了AW法具有公平性，因而公平是AW法与生俱来的特点。公平的含义是，如果安获得了她自己打的67分，那么，本也应该获得他自己打的67分。假设双方在打分时都是诚实的，并对此都有所了解，那么双方都会认为，他们的分配结果从分数上看将一模一样。以安和本的例子来看，双方都获得了他（她）们想要的2/3，因而应感到同样满足。

在我们列出的三个特点里，对公平的研究最少，而由于其主观性也无疑最难评价。无论怎样，AW法满足该特点，同时也满足效率和不引起嫉妒等标准。它是我们所进行的研究里唯一同时满足三个标准的方法。

战　略

AW法要求双方独立打分，这可以通过让双方分别同时公布其打分情况而很容易做到。但我们又怎能知道双方各自打的分数都真实反映了他们对各项目的估价呢？

确实存在这样的情况，一方对另一方的偏好情况不仅仅只了解一点。好像离婚时遇到的那样，夫妻双方彼此了如指掌，往往能对配偶在每个待分配项目上的估价情况作出比较准确的判断。

因而，正如在前几个程序里曾遇到的那样，我们也不由得要探询当事方使用AW法时能否也对事先掌握的另一方的偏好信息加以利用。事实证明，如果只是一方掌握了另一方的偏好信息——尽管不太可能出现这个局面——那么这一方确实可以利用自己的信息优势进行谋利。然而，如果双方都掌握彼此的偏好信息，那么，即使双方没有恶意，他们的战略选择也可能导致灾难性的后果。

为了展示AW法的脆弱性，我们举一个简单的例子。假设只有两幅画，分别为马蒂斯和毕加索的画，安认为马蒂斯的画的价值是毕加索的 3 倍，而本正好相反。如果两人都是真诚的，那么，打分情况将如下所示：

项目	*安*	本
马蒂斯	75	25
毕加索	25	75

因为双方对两幅画的估价正好相反，那么安获得马蒂斯的画，本获得毕加索的画，这个分配结果不需要进行公平调整：双方都获得了 75 分，或总价值的 3/4。

现在假设安事先知道本的偏好，而本并不知道安的偏好。此外，由于缺乏信息，本将如实宣布，他认为马蒂斯的画值 25 分，毕加索的画值 75 分，而安也事先知道本会如实进行宣布。在这种情况下，安能否以自己的不真诚来利用本的真诚？

答案是肯定的。安可以假装自己喜欢马蒂斯的程度只比本多一点（本对马蒂斯的画打 25 分）。这样，安仍然像以前那样获得马蒂斯的画，但根据她自己打的分数，看上去她仅仅获得了总价值的 1/4 强，而根据本打的分数，本却获得了总价值的 3/4（因为他给毕加索的画打 75 分）。结果需要进行较大的公平调整，以把毕加索的画的价值的很大一部分从本转移给安。

让我们从具体数字入手，来考察安将在多大程度上利用 AW 法谋利。既然安知道本对马蒂斯的画打 25 分，那么安对马蒂斯的画应该打 26 分，把余下的 74 分给毕加索的画。因而，在本是真诚的而安不真诚的情况下，双方的打分情况如下所示：

项目	*安*	本
马蒂斯	26	25
毕加索	74	75

最初的分配结果是，安获得马蒂斯的画，即她宣布（不真诚）的 26 分；本获得毕加索的画，即他宣布（真诚）的 75 分。但既然看上去本获得的分数几乎是安的 3 倍（75 比 26），必须从本到安进行较大的转移。

设 x 为在毕加索画的价值里安*表面上*应该获得的那一部分。转移后，安的分数将为 $26+74x$，本的分数则为 $75-75x$，x 应该满足下列等式：

$$26+74x=75-75x$$

求 x，得：

$$149x=49$$

$$x=49/149\approx0.33$$

本由此获得他自己打的分数里的 50 分，即

$$75-75\times0.33\approx75-25=50$$

看上去，安也将获得如此低的分数。出现这个局面并不奇怪，因为两人宣布的分数本来差距就非常小。

然而以安的真实偏好来看，情况则大为不同。从马蒂斯的画上面，安获得了 75 分，此外，她又获得了毕加索的画的价值（她为毕加索的画给出 25 分）的 33%。这意味着，本为了拥有毕加索的画将不得不把该画估价的 1/3 支付给安。因而，安总共获得的价值分数为：

$$75+0.33\times25\approx75+8.33=83.33$$

换言之，安将获得她打出的分数的 5/6，而如果她诚实地宣布自己的打分情况，她只能获得 3/4。当然，如果拥有单方面、不对称信息的人是本而非安，本也能够以同样方式利用信息优势进行牟利。

当双方都知道彼此的偏好信息的时候，情况将会是怎样？能否彼此利用对方的偏好信息？例如，安和本都认为对方会诚实地宣布偏好情况，因而都会试图利用对方的诚实，就像安曾经做过的那样。这时，双方宣布的分数将如下所示：

项目	*安*	*本*
马蒂斯	26	74
毕加索	74	26

根据这一分数，安将获得毕加索的画，本将获得马蒂斯的画。既然表面看来双方都获得了 74 分，因而不需要进行公平调整。但实际的情

况是，安认为毕加索的画只值总价值的 25%，本也认为马蒂斯的画只值总价值的 25%，因而每个人其实只得了 25 分！这简直成为灾难性的结局：不仅非常没有效率，而且彼此会互相嫉妒到了极点。

安和本从上述例子里应该吸取教训，如果不愿真实表达偏好，也不能做得太过分，否则将两败俱伤。我们已经清楚地看到了这一点。

另一方面，如果双方在表达偏好时即使有些隐瞒也不至于带来很多坏处。例如安和本分别对各自最偏好的画少打 10 分，从 75 分降为 65 分，那么结果将是一样：安还是会得到她认为值 75 分的马蒂斯的画，而本也会得到他认为值 75 分的毕加索的画，谁都不会因为不诚实表达偏好而获取额外的好处。然而，如果过于隐瞒真实偏好，以至于看上去安偏好的不是马蒂斯的画，而是毕加索的画，本偏好的不是毕加索的画，而是马蒂斯的画，那么，上述灾难性的局面就会重演，双方都只能得到 25 分。

显然，不诚实也存在风险。其中部分原因在于，若想成功操纵整个分配过程，不仅需要清楚地知道对方的偏好——对方真实的打分情况——而且要对其可能宣布的打分情况有所了解。否则，若不了解对方可能宣布的打分情况，每一方都会“半途而废”——换言之，聪明反被聪明误。

无疑，天真一点或者真诚一点总是比较稳妥的战略。真诚可以绝对保证在当事方眼里，他（她）至少获得了总价值的 50%，甚至更多，在后面的例子里我们将清楚地看到这一点。在 AW 法下，真诚成为*保证战略*(guarantee strategy)：无论对方选择什么战略，真诚都使得真诚的一方获得的分配结果不引起嫉妒。

扩展至三个或更多当事方

到目前为止，我们对 AW 法的分析还较为抽象。尽管第 6 章和

第 7 章将运用 AW 法分析问题，但这里值得一提的是，从分蛋糕到分土地，分配问题无处不在，且常常涉及两个以上的当事方。

第一次世界大战结束后，威尔逊总统于 1918 年提出了著名的 14 点（Fourteen Points）。其中第 5 点讲道："对所有殖民地进行自由、开放、绝对公平的调整。"——不能不认为这是一个崇高的理想。威尔逊总统被称做理想主义者不是没有道理的。

然而现实却非常残酷。当时著名的英国外交家哈罗德·尼克尔森（Harold Nicolson）1919 年曾这样写信给他的妻子薇塔·萨克威拉-韦斯特（Vita Sackville-West）："亲爱的，形势非常可怕，那三个无知的、不负责任的家伙正在把亚洲弱小的民族切成碎块，仿佛切蛋糕一样。"尼克尔森所指的三个家伙是威尔逊、洛德·乔治（Lloyd George）、乔治·克莱门托（Georges Clemenceau），分别为美、英、法三国的首脑，战后最有影响的三个人物。

75 年之后分割巴尔干地区也涉及了几个当事方。有趣的是，巴尔干问题的源头并非大国为了控制该地区，而是当地的各种势力为了寻求更多的土地而彼此斗争，其中在前南斯拉夫问题上的矛盾尤其尖锐。

20 世纪 90 年代初期，长期受到种族、宗教问题困扰的穆族、克族和塞族最后为了夺取土地、控制对手而付诸武力，有时不惜使用种族灭绝政策，并隐晦地称其为"种族清洗"。尽管外部势力先在联合国、后在北约的监督下为稳定地区局势而进行了干涉，但直到 1995 年 11 月签订和平协议时才算取得了一定成功，那时长达 4 年的战争已夺去了 25 万人的生命，300 万人流离失所，沦落为难民。

从根本上讲，南斯拉夫问题牵涉到至少三个当地主要势力和众多的外部势力。这个问题以及许多类似的问题，如以色列和阿拉伯国家的矛盾问题，都不能像解决两个人之间的问题那样得到解决。我们不由得去探询，AW 法是否适用于几个当事方的情况。

当事方超过两个时，不存在同时满足无妒忌、有效率和公平等三个标准的程序（参见"满足三个标准的不可能性"）。然而确实总能找到一个程序，可以同时满足三个标准中的两个：荷兰数学家 J. H. 雷吉尼尔斯（J. H. Reijnierse）和 J. A. M. 波特斯（J. A. M. Potters）发明了一种程序，使分配结果既有效率，又不引起嫉妒；美国数学家斯坦芬·J·威尔森（Stephen J. Willson）发明的程序（叫做“线性程序”（linear programs））可以同时满足效率和公平的标准；把每个项目都平均分配给各当事方的程序则能够同时满足公平和无妒忌的标准。

满足三个标准的不可能性

下面这个例子是由两个荷兰数学家 J. H. 雷吉尼尔斯和 J. A. M. 波特斯首先使用的。假设三个当事方分别为安、本、卡罗，他（她）们对 X、Y、Z 三个项目的打分情况如下：

项目	安	本	卡罗
X	40	30	30
Y	50	40	30
Z	10	30	40

唯一有效率的、公平的方案就是把 X 分给安、Y 分给本、Z 分给卡罗。显然，该 40—40—40 的分配方案是公平的；也有证据表明是有效率的。

但由于安认为 Y 值 50 分，而 Y 归本所有，因此，安会嫉妒本，这样，该分配方案无法满足不引起嫉妒的标准。如果把 Y 分给安、X 分给本、Z 仍然分给卡罗，那么该方案是有效率的，但既不公平（因为每一方得到的分数将不同），也会引起嫉妒（因为本会嫉妒安）。

当然，这个有三个当事方的例子并不排除在某个特定情况下能够满足三个标准的可能性。它只说明，当事方超过两个时，并不总是能够保证同时满足三个标准。然而，三个标准不能保证同时得到满足的事实表明，当存在两个以上当事方的时候，往往需要作出艰难的选择。

哪一对标准最重要？如果一定要牺牲一个标准，应该放弃哪一个？这些问题没有明确的答案。在南斯拉夫问题的例子上，穆族、克族、塞族这三个当地主要势力认为它们是三个平等的民族，从这个意义上讲，公平可能是最值得实现的标准。因而，我们就由此入手进行探讨。

在对土地进行了公平划分的情况下，不引起嫉妒可能比效率更为重要，因为它是对某一方“得了便宜”这一说法的最好回击。因而，“满足三个标准的不可能性”里提到的40—40—40的分配方案尽管不引起嫉妒，但可能不如一个没有效率却不引起嫉妒并且公平的方案。

接下来的三章将不再继续探讨这些问题，而是集中于可以使用AW法的两个当事方的矛盾。这不等于说，当存在三个或更多重要当事方的时候可以不考虑AW法，而是在需要作出牺牲的时候，尚不能清楚地知道应该放弃哪个标准。

在两个以上当事方的情况下使用AW法会遭遇的另外一个困难是，它带有“黑箱”的色彩。在两个当事方的情况下使用AW法基本上是个回馈的过程，易于理解，便于操作，仅需简单的数学公式就能解决。而在两个以上当事方的情况下使用AW法则需借助高等数学，那些方法本身就是模糊的。

建　议

如果当事方都真实地宣布各自的偏好，AW法就能够同时满足效率、无妒忌和公平等三个标准。同时，AW法描述起来也非常直白，但是在现实生活里运用起来需要相当的技巧与知识（第6～8章将更多地表现这一点）。AW法也有缺陷。如果一方拥有另一方的打分信息，或者能精确预测另一方的打分情况，那么AW法赢者通吃的特点将诱使当事方从战略的角度出发，不真实表露自己的偏好，从而造成 AW 法脆弱的一面。

如果被分配的项目不是有形的财产，而是无形的议题，那么在运用 AW 法之前，当事方必须明了，赢家在每一个议题上应该获得什么利益。只有必须要有公平调整程序的议题才真正需要一个更加详细的划分。

因为只有在使用了 AW 法之后才能知道这个划分的情况是怎样的，所以关于该议题的分配情况必须等到运用了 AW 法之后。这正是中间人可以发挥宝贵作用的时候。他（她）可以告知当事方关于该议题的划分情况，但不告知哪一方拥有较大比重从而成为相对赢家。当事方将在不知道自己拥有较大还是较小比重的情况下被驱动着达成公平的解决方案。例如，存在争议的问题是一项新产品的命名，划分情况是 3/4 对 1/4，那么争议双方（例如制造部门和行销部门）可能如此达成协议：无论哪一方获得了 1/4 将有权选择广告商，另一方则将决定产品名称。

为了实现这样一个协议，人们也可以使用先分后选法，尤其当需要分配的是有形物品的时候。如我们先前使用过的例子，一方有资格获得某个物品的 1/4，另一方有资格获得 3/4。可以先使用先分后选法来获得 50—50 的分配格局，然后对每个一半都可以实现 75—25 的分配结果。

我们已经看到，如果双方都利用自己事先获得的对方的偏好信息而不真实地表达自己的偏好，那么结果将伤及自身。因而总的来看，诚实宣布自己的打分情况是应该遵循的正确政策——不仅出于道德因素，而且出于战略考虑。

然而，在酸楚的离婚过程中，完全可以想象夫妻双方互相怨恨，导致双方优先考虑的是宣泄对另一方的敌意，即使这样做意味着自己将失去很多。尽管初想之下觉得他（她）们的做法不十分明智，但如果充满敌意的一方把“复仇”看得很重，那么就可以理解这一做法了。

换言之，为了惩罚对方而不惜伤害自己，实际上他（她）可能由此而获得净收益。另一方面，由于不可能准确预测到对方的打分情况（不在场的间谍（absent spies）），因而无法使这一战略发挥出应有的作用。此外，如果双方都试图猜测对方的偏好并加以利用，双方只能两败俱伤，这一事实应使人们打消操纵分配过程的企图。

除离婚问题之外，世界上许多严峻的矛盾基本上都发生在两个当事方之间，例如印度教徒与穆斯林之间、卢旺达胡图族（Hutus）与图西族（Tutsis）之间的矛盾——更不用说北爱尔兰天主教徒与新教徒、南非黑种人与白种人之间长期以来的矛盾了，尽管这些矛盾现在有些缓和。

前南斯拉夫问题等其他矛盾（上一节进行过简单讨论）则涉及两个以上的当事方。国际上，以色列—阿拉伯矛盾也牵涉几个国家以及一些国家（包括以色列）内的派系，使得该问题绝对成为多方争端。

如上一节所示，当事方超过两个时，没有一种程序能够保证同时满足无妒忌、有效率和公平等三个标准。相比之下，AW 法能够保证在两个当事方的情况下同时满足这三个标准，前提条件是双方都诚实地表达偏好，这足以令人鼓舞，虽然理论上 AW 法较为脆弱，易于受到操纵（实践中，可能难以做到）。因而，在两方争端里，当双方对不同问题关注度不同时，AW 法从总体上看便成为最佳方法。双方的差异恰恰便于进行交换，从而为每一方在其偏好的项目上获胜创造了可能。

在以下三章里，我们将考察众多的两方矛盾以使 AW 法学以致用。在分析这些矛盾以及可能的解决方案过程中，我们将讨论使用 AW 法会遇到的实际问题。

第 6 章 大师 细说博弈论

调整赢家法：应用于戴维营

这一章里，我们将把 AW 法运用于长达 30 年之久的埃及—以色列争端。这两个国家之间的争端通过 1978 年签订的《戴维营协议》得到解决，1979 年正式签订的《和平条约》结束了第二次世界大战以来持续时间最长的争端之一。

这个例子可以起到抛砖引玉的作用，从中我们将讨论使用 AW 法遇到的几个实际问题，包括当事方给各种问题打分的不同方法。同时，我们也将对《戴维营协议》的公平性作出评论，既有实际发生的，也有通过 AW 法实现的公平性。在第 7 章和第 8 章里，我们将把 AW 法运用于其他争端，其中一个像戴维营问题一样也是国际问题，AW 法也许能够对其未来的解决方案作出贡献。

戴维营里讨论的问题

1978 年 9 月 17 日，经过长达 18 个月的谈判和 13 天的高峰会议，埃及总统安瓦尔·萨达特（Anwar Sadat）和以色列总理 M. 贝京（Menachem Begin）终于签署了《戴维营协议》。他们最后讨价还价的过程异常艰辛。到高峰会议的第 3 天时，双方的敌对情绪如此高涨，以至于拒绝面对面地进行谈判，导致余下的 10 天里不得不通过中间人来开展谈判。

6 个月后，在协议的框架范围内，两国于 1979 年 3 月 26 日签署了《和平条约》。这一跨时代的条约击碎了许多观察家认为埃以矛盾无法挽救的观点和言论。

几个因素使得戴维营谈判成为考察 AW 法潜在价值的完美案例。第一，埃及和以色列在几个问题上都发生冲突。可以将这些问题视为 AW 法下等待公平分配的物品，只是目的并非要赢得一个物品，而是推行本国在这些问题上的主张。第二，大多数问题在某种程度上都是可分的，使在 AW 法下运用公平调整机制成为可能。第三，目前有大量文献记载当时两国在每一个问题上的立场，一些参加谈判的当事人详细回忆了当时的情景。这些实证材料使我们能够依据两国对每一个问题表达出来的关注而分别为其打分。

应该把《戴维营协议》放到阿拉伯国家和以色列争端的历史背景下去研究。早在以色列 1948 年建国时阿拉伯国家就与其存在矛盾。包括埃及在内的阿拉伯国家不承认以色列的存在并不断对其进行攻击。然而，以色列在 1948—1949 年战争、1956 年的西奈争端以及 1967 年的六日战争里都获得了胜利。尤其在 1967 年战争后，以色列占领了其阿拉伯世界邻国包括西奈半岛、约旦河西岸、加沙地带和戈兰高地在内的大量土地。

1973年，埃及和叙利亚曾在赎罪日（Yom Kippur）战争里试图夺回西奈半岛和戈兰高地，但都遭到以色列的抵抗。1973—1974年期间，亨利·基辛格在阿以之间往返斡旋，使战争双方达成了两个协议，但都未得到认真履行，也未使阿以矛盾得到永久解决。

吉米·卡特1977年1月就任美国总统以来，始终把缓和中东局势——如果不是彻底解决中东问题——当作头等大事。中东局势已成为国际原油价格上涨的主要原因，并导致通货膨胀加剧，经济增长缓慢。

卡特认为，若想稳定油价，就必须结束中东的混乱局势，并且他相信，普遍的爽约做法非常不稳定，必须要有某种永久性的解决办法，以防止阿以之间再次爆发战争以及美国被迫卷入纷争。因而，卡特几乎刚一上任就立刻开始推进中东的和平进程。

美国最初的计划是邀请所有主要势力参与谈判，包括巴勒斯坦解放组织（巴解组织）。但随着谈判的进行，美国感到最有可能的是在埃及和以色列之间达成某种协议。的确，萨达特甚至曾给美国总统写信，敦促“没有任何事能够阻止埃以直接谈判”。

到了1978年的夏天，卡特认为有必要举行一次高峰会议以缩小埃以双方仍然存在的一些分歧，于是，他邀请萨达特和贝京来到戴维营。

戴维营会谈表明，埃以两国领导人在几个主要问题上存在重要分歧。这些问题可以归纳为六大类，集中于西奈半岛、西岸、加沙地带和耶路撒冷等地的领土争端。双方对每一个问题最感迫在眉睫的担忧分别是：

1. *西奈半岛*。1967年的六日战争后，以色列占领了西奈半岛，赎罪日战争后仍稳稳地控制着这片土地。从许多方面看，西奈半岛问题都是埃以双方分歧最大的问题。对以色列来讲，在埃及发动袭击的时候，西奈半岛成为其战略缓冲地带。以色列已经在半岛上建立了军事基地，其中包括防守性能非常强的三个现代空军基地。

以色列已将半岛上具有重要经济价值的油田据为己有，此外也在半岛上建立了平民居住区，这些居住区是以色列极不愿放弃的。在戴维营里，贝京曾对参加谈判的一个美国人讲，“除非我在战争中失去右眼和右臂，否则，我绝不同意拆毁一个犹太人的房屋。”

对埃及来讲，西奈半岛也非常重要，如果不让埃及控制半岛，就无法达成任何协议。几乎所有观察家都认为，萨达特已把“以色列从西奈全面撤军”作为首要目标。他在谈判一开始就告诉美国，尽管他会允许对1967年以前的边界作出一定调整，但西奈半岛必须完整地归还埃及。

在戴维营之前，两国领导人已经开展了长达18个月的谈判，大概进行到一半的时候，萨达特就几乎把全部精力放到了西奈半岛问题上。从实际角度看，半岛具有重要的军事意义和丰富的油田，因此，埃及一定要求以色列归还半岛。但更重要的原因也许是半岛对埃及的象征意义。“归还整个半岛关乎埃及人的荣誉，西奈正是1967年埃及人遭到挫折和羞辱的地方。”

2. *对以色列给予外交承认*。自从其1948年建国以来，以色列作为一个合法的主权国家的地位就从未得到阿拉伯国家的承认。事实上，至少为了宣传的需要，所有阿拉伯国家都与以色列正式保持着战争状态，并要求其解体。因而对以色列来讲，得到埃及——最强大的邻国——的承认是头等大事。

但以色列需要的还不仅仅是正式承认。以色列领导人渴望与埃及建立正常的、和平的关系，包括互派大使、开放边境等。如在此方面获得突破，以色列则有望从在中东地区的僵局中解放出来。

而埃及并不愿与以色列实现关系正常化，部分原因是担心遭到其他阿拉伯国家的强烈反对。此外，萨达特还认为，正常的外交关系将需要一代人去营建，因为必须要经历深刻的思想意识调整。

萨达特在实际谈判中提出，互派大使、开放边境等外交关系问题涉及埃及主权，因此不能进行讨论。对以色列给予承认的问题变得非常尖锐，以至于成为影响签订 1978 年《戴维营协议》和 1979 年正式的《和平条约》的主要障碍之一。

3. *西岸和加沙地带*。在大多数以色列人眼里，西岸和加沙地带从地理和历史两个角度看都是以色列的一部分——至少比西奈半岛更是以色列的土地。以色列代表团也的确把保留这些领土当作其核心目标之一，尤其是贝京视这些领土为以色列土地的一部分，而非占领的外国土地。正如一位观察家所言，“贝京就像萨达特拒绝放弃西奈半岛一样固执地拒绝放弃 Judea 和 Samaria［西岸］*。”相比之下，如果贝京一定要放弃西奈半岛，他也一定要以在西岸和加沙问题上获得某种承认作为回报。

但这两块土地对埃及的经济或地理价值不大；萨达特在谈判过程中并未把精力集中在这个问题上面。然而，埃及面临来自其他阿拉伯国家的压力，使其不能抛弃在这些地区居住的巴勒斯坦人。萨达特对助手讲，如果不能获得以色列撤出西岸和加沙地带的承诺，他就不离开戴维营。事实上，萨达特一抵达戴维营，就通知了卡特，“在西岸问题没有达成协议以前，我不会签署任何关于西奈半岛的协议。”

4. *协议与巴勒斯坦自治的正式联系*。谈判涉及的一个主要问题是，应该在多大程度上把埃以协议与在巴勒斯坦自治问题上取得正式、实质的进展相联系。贝京坚持认为二者之间没有联系，尽管埃以双方可以在解决巴勒斯坦问题上达成某种框架性协议，但这必须是作为独立的问题，不能纳入两国的协议。

萨达特似乎对该问题犹豫不决。一方面，他致力于推动把以色列承认巴勒斯坦民族自决写进两国的协议，并坚持认为在巴勒斯坦问题没有达成原则协议以前，埃以两国不能签署任何协议。但另一方面，他指出真正的有实质性内容的协议不应该单靠埃及一个国家同以色列进行谈判，然而，他又反对将巴勒斯坦问题留给以后的阿拉伯国家代

---

* 西岸是巴勒斯坦方面和绝大多数外国媒体使用的词，而某些以色列人则把这片领土称做 Judea and Samaria，这是古代犹太人对这片土地的称呼。——译者注

表团来解决，因为他知道这样做可能会扼杀埃以两国达成协议的可能性。

5. *以色列承认巴勒斯坦的合法权利*。从以色列的角度看，由于同巴勒斯坦历来存在主权纷争，因而难以承认巴勒斯坦人民的合法权益。当得知卡特总统与萨达特在埃及的阿斯旺会谈时曾宣称，解决埃以矛盾必须要承认巴勒斯坦人民的合法权益，以色列对此作出了消极的反应。但由于即使承认巴勒斯坦人民的合法权益也不会带来实质性的变化（见以上第 4 个问题），因此，以色列也不觉得这样做会对其利益造成严重损害。事实上，以色列外长 M. 达扬（Moshe Dayan）在某个时候曾去信给美国代表团，表示以色列愿意让阿拉伯人在西岸享有平等权利。

从埃及的角度看，以色列对巴勒斯坦人民的合法权益作出某种形式的承认还是有必要的。萨达特认为，即使象征性进行承认且形式非常含糊，也足以让他对其他阿拉伯国家有所交代。从效果上来看，埃及可以对外宣称，是它迫使以色列最后终于承认了巴勒斯坦人民的合法权益，这是其他阿拉伯国家从未取得的成就。此外，由于不需要其他阿拉伯国家的参与，因而对萨达特也是有吸引力的。

6. *耶路撒冷*。自从 1948 年以来，耶路撒冷的治理问题就非常微妙。由于各种宗教和政治势力不断发生冲突，联合国于 1949 年宣布耶路撒冷由其托管。在以色列于 1967 年占领并统一该城市以前，耶路撒冷一直被分成东西两个部分。

对以色列来讲，耶路撒冷曾是其首都，不能放弃。在戴维营里，达扬告诉美国代表团，要想把耶路撒冷从以色列手中夺走，远非联合国通过决议就能做到的："它们还必须重新撰写《圣经》，废除我们 3000 多年的信仰、希望、渴望和祈祷。"

就像遇到其他领土争端一样，埃及仍然面临其他阿拉伯国家迫使以色列作出让步的压力。参加谈判的一名埃及人曾说道，在耶路撒冷问题上达成建设性方案将"缓解阿拉伯世界的担忧，化解阿拉伯国家的敌意"。然而，埃及并没有在这个问题上努力争取，似乎更愿意将其留待以后去解决。

如何运用 AW 法尽量公平地解决这些问题呢？假设埃及和以色列分别有 100 分可以分配给以上 6 个问题，两国打分情况如下所示：

以色列和埃及的分数分布情况

问题	*以色列*	*埃及*
西奈	35	<u>55</u>
外交承认	<u>10</u>	5
西岸/加沙地带	<u>20</u>	10
联系	<u>10</u>	5
巴勒斯坦权益	5	<u>20</u>
耶路撒冷	<u>20</u>	5
总计	100	100

必须承认，这些都是假设的分数分布情况。我们不可能确切知道，如果两国使用 AW 法，它们将怎样分配分数。然而，应该指出的是，尽管不同的打分情况会带来不同的解决方案，但都不改变 AW 法满足的三个标准——无妒忌，有效率，公平。

这个假设的打分情况建立在以上对各方利益分析的基础之上。简言之，它反映了埃及在西奈半岛压倒一切的利益，萨达特坚持要求以色列在巴勒斯坦合法权益上至少作出含糊的承认以使其免遭其他阿拉伯国家的刁难，使以色列在西奈半岛更为克制的利益需求得到实现，以及保持贝京对以色列土地的强硬立场——即，保留西岸和加沙地带，继续控制耶路撒冷。两国对所有问题的打分情况呈四级阶梯状：最重要的（埃及给出了 55 分，以色列给出了 35 分），第二重要的（两国都给出了 20 分），第三重要的（两国都给出了 10 分），最不重要的（两国都给出了 5 分）。

这个假设的分数分布情况代表了两国对各个问题真实的打分，而非战略做法。尽管故意错误地披露打分情况从而获取额外利益理论上讲是可行的，正如第 5 章所示，但实践上则非常困难，最后双方只能伤害自己的利益。

在AW法下，对每个问题哪一方给出的分数高，哪一方就可以在这个问题上获胜（添加下划线的数字）。因而，埃及可以在第1和第5个问题上推行自己的主张，总分为75分；而以色列可以在第2、3、4和6问题上推行自己的主张，总分为60分。

既然埃及比以色列的分数高，那么必须全部或部分地把某个或某些问题从埃及向以色列转移以求得公平。由于西奈问题（问题1）是最小比重问题（$55/35\approx1.57$，小于巴勒斯坦权益问题上的比重$20/5=4.0$），因而为了创造平等，必须对这个问题进行分配，把埃及对这个问题打的55分的一部分转移给打35分的以色列。

设x为以色列在这个问题上应该获得的比重。两国分数相等，即：

$$60+35x=75-55x$$

求x，得：

$$90x=15$$

$$x=15/90=1/6$$

结果，以色列获得问题1总价值的1/6，连同2、3、4、6等问题共获得65.8分。埃及获得问题1总价值的5/6，连同问题5也获得65.8分。从而，最终实现了公平、有效率而又不引起嫉妒的解决方案。

值得一提的是，AW法使用假设的分数分配方案得出的分配结果与埃以两国实际达成的协议非常接近。以色列基本在第2个问题上获得了胜利，因为埃及承认了以色列的合法地位，两国互派了大使。同时，以色列在双方对第3个问题的较量上获得了胜利，埃及“公开承认以色列未来对西岸和加沙地带拥有主权”。此外，以色列还在第4个问题上获得了胜利，因为在《戴维营协议》——或者后来的《和平条约》——与巴勒斯坦建国或自治问题之间没有建立起正式联系。最后，耶路撒冷问题没有写进最终协议，也可以视为以色列在第6个问题上的胜利。

埃及则取得了第5个问题的胜利：以色列确实同意了卡特总统与萨达特总统在阿斯旺会谈时提出的以色列承认巴勒斯坦“合法权益”

的要求。最后，在第 1 个问题上，根据我们得出的分配方案，埃及获得了 5/6（83%）。

正如第 5 章所示，AW 法要求一个物品或问题必须可分，以使公平调整机制发挥作用。实际上，西奈半岛问题本身具有多个层面，除了领土问题以外，还有以色列机场和空军基地、以色列平民聚居区、埃及驻军等问题等待解决，因而西奈半岛问题具有可分性。

埃及在大多数问题上都取得了胜利。以色列把西奈半岛移交给埃及，并拆除了机场、空军基地和平民聚居区。然而，埃及也同意不对西奈半岛进行军事化管理，并同意美国在西奈半岛驻军以监督协议的执行情况。这代表了埃及对以色列的让步，其在整个西奈半岛问题当中大约占据 1/6 的分量，这也构成对分配结果的合理解释。

戴维营的例子产生出"独立性"的问题。如果一方在一个问题上赢得了胜利不影响它在其他问题上赢得胜利，那么这个问题就是*独立的*。如果问题都是独立的，那么就可以在 AW 法下对每个问题打的分数进行相加：在两个或更多问题上获得胜利，所得到的总分数就是给这些问题打的分数之和。所以使用 AW 法时，一个重要的问题就是需要解决的问题是否具有独立性。

在戴维营的例子里，巴勒斯坦权益问题就不是独立于领土问题之外的。尤其对萨达特来讲，以色列承认巴勒斯坦的合法权益可能更加重要，因为他没能成功地迫使以色列在西岸、加沙和耶路撒冷等问题上作出让步。

尽管把需要解决的问题划分成若干独立的问题——其分数可以被加总——从来不是易事，但老练的谈判家往往能化解这个问题。美国和巴拿马两国于 1977 年在巴拿马运河问题上达成并签署了协议，两国就是把它分成了 10 个不同的问题。一项分析表明，如果把这些问题作为一个整体来加以解决，那么两国获得的分数都会减少，这意味着，在 AW 法下，双方通过尽可能多地分解出独立的问题就可以获得最大利益。

在戴维营的例子里，埃以双方有可能把需要解决的问题按照不同的方式划分，例如把等待解决的问题划分为 12 个而非 6 个，也完全可以使用 AW 法。然而我们把问题划分为 6 个的做法至少显示出 AW 法的潜力，双方几乎都获得了 2/3 的总价值。

实际考虑

现在让我们更仔细地研究戴维营的例子，考察运用 AW 法时可能遭遇的问题，以便：（1）增强 AW 法抵御恶意操纵的能力；（2）合理地进行分数分配；（3）把问题划分为若干独立问题；（4）寻找使用 AW 法的最佳时机；（5）对各项问题加以界定。

增强调整赢家法抵御恶意操纵的能力

AW 法的一个潜在问题是它易于受到操纵，第 5 章的例子已证明，一方通过操纵分数分配可以达到扩大“战果”的目的。假设预见到埃及会把压倒一切的分数分配给西奈半岛问题——以确保在该问题上“获胜”——以色列即把原来分配给该问题的 35 分减为 20 分。（稍后我们将考察以色列采取相反策略——增加分数——的效果。）同样，假设预见到埃及不会在巴勒斯坦权益问题上分配太多分数，以色列即把原来分配给该问题的分数由 5 分提高到 20 分，以确保在巴勒斯坦权益问题上获胜。

在此情况下，最初的结果是，以色列获得总分数 60 分，与原来一样在第 2、3、4 和 6 问题上获胜。然而，埃及只在第 1 个问题上获胜，总分数为 55 分。从分数分配的情况来看，埃以双方都给巴勒斯坦问题分配了 20 分，形成势均力敌的局面。

既然埃及在分数上落后于以色列（55 分对 60 分），那么，把巴勒斯坦问题的获胜权赋予了埃及。然而，埃及获得巴勒斯坦问题的 20 分后，在分数上又领先于以色列（75 分对 60 分），因此，在该问题上必定要进行公平调整。把该问题的 12.5 分（62.5%）给埃及，7.5 分（37.5%）给以色列，表面上看，双方都获得了 67.5 分，略高于原来的 65.8 分。

但对以色列来讲，由于建立在其*宣布的*而非真实的偏好基础之上，因此，这种改善具有欺骗性。实际上，以色列操纵分数分配的做法在两方面伤及自身。首先，从原来宣布的分数分配情况反映其真实偏好的角度讲，以色列在操纵分数分配之后反而获得了更少的分数。它获得的并非 20 分（以色列使用操纵战略给巴勒斯坦问题分配的分数）的 37.5%，而是 5 分（以色列给巴勒斯坦问题真正分配的分数）的 37.5%，换言之，以色列在 60 分以外只多获得了 1.875 分，总分数为 61.875 分。该分数少于其诚实地宣布分数分配情况时所获得的 65.8 分，而埃及却以 67.5 分多于原来获得的 65.8 分。

以色列伤及自身的第二个方面可能代价更大。埃以双方都诚实宣布偏好的情况下，根据公平调整机制，以色列在西奈半岛问题上获得了一定补偿。然而在以色列操纵分数分配的情况下，由于其减少了分配给西奈半岛问题的分数，因此，埃及在该问题上大获全胜，不必对以色列作出任何让步。这意味着，埃及不必对西奈半岛进行非军事化管理，也不必允许美国在半岛驻军以监督协议的执行情况。

尽管理论上 AW 法具有可操纵性，但实践中，AW 法可能不可操纵，除非一方掌握了另一方将如何分配分数的确切信息。只有那时，操纵的一方才能根据所掌握的信息来最佳分配自己的分数，否则，使用操纵战略将非常危险。操纵的一方只会在引火烧身的同时帮助了另一方，恰恰违背其初衷。

实际上，如果以色列增加西奈半岛问题上的分数——例如从 35 分增加到 45 分——同时把在耶路撒冷问题上的分数由 20 分减为 10 分，那么以色列将获得更多的利益。这样，经过公平调整，以色列将在西奈问题上赢得 1/4，而非 1/6。但这种操纵方法的问题是，如果埃及减少其分配给西奈半岛问题的分数，例如从 55 分减为 40 分——认为 40 分已足够获胜——那么，以色列反而会获胜，埃及则会失败，该结果也完全违背了双方的初衷。这再次成为聪明反被聪明误的例证。

处于争议的一方可能试图操纵自己的分数分配情况，从而阻止对方获得某物品，或在某问题上获胜——此即所谓恶意战略。例如，埃及不愿赋予以色列外交承认，那么即使埃及并不看重该问题，它也可以提高分配给外交承认问题的分数。

为了提高分数而采用操纵战略是要付出代价的；同理，为了阻止对手获得某物而采用操纵战略，也要付出代价：在一个问题上获得额外的分数，在另一个问题上必定将遭受损失，因而，存有恶意的一方可能由于在另一个问题上遭受失败而承受风险。在埃以争端的例子里，埃及为了不赋予以色列外交承认，可能不得不失去部分或全部西奈半岛。

信息不充分时，操纵是危险的。为了使该论点更令人信服，人们可以做以下练习：自己不诚实地对各待分配项目打分，然后，根据对方可能作出的各种不同的分数分配情况，验证（通过 AW 法）该操纵战略的结果。此项练习应该可以说明，在不掌握对方分数分配情况完全信息的情况下，诚实打分总体而言是稳妥的战略。从第 5 章我们已得知，诚实打分总能保证一方至少获得 50 分——即使对方事先获得了该方打分情况的信息，并采取了相应的操纵战略——从而使得分配结果不引起嫉妒，但却可能不公平。

合理地进行分数分配

尽管诚实通常有所得，但让分数分配情况真正反映对不同问题的真实评价则并非易事。解决该任务的一个方法是让当事方从给各项目排序入手：根据在每个问题上希望获胜的愿望强弱，把所有问题从最重要到最不重要排出顺序。

排序工作完成后，当事方即面临如何把它转化为分数，以反映各自对不同项目偏好强度的问题。在《谈判的艺术与科学》（*The Art and Science of Negotiation*）（1982 年）一书中，决策分析家霍华德·拉法（Howard Raiffa）相当详细地探讨了这个问题，得出结论：当事方都必须仔细权衡，在一个问题上打算放弃多少，以在另外一个问题上获益更多。因而，对于我们例子当中的以色列来讲，西岸/加沙地带和耶路撒冷问题（均值 20 分）在价值上是外交承认和联系问题（均值 10 分）的 2 倍，后者又是巴勒斯坦权益问题（值 5 分）的 2 倍。

为了作出正确的分数分配，可以让当事方比较在两个问题上获胜的重要性，并给出具体比率，其中，一个问题是排序位置最靠前的项目，另一个问题是排在第二的项目。然后比较排在第二的项目与排在第三的项目，依此类推。由此，当事方可以从相对概念的角度判断相邻项目之间的“重要性比率”。

例如，有三个项目，第一个与第二个项目之间的重要性比率是 2∶1，第二个与第三个项目之间的重要性比率是3∶2，则三个项目之间的重要性比率为6∶3∶2。如果以最近的整数为准，即三个项目的分数应分别为 55、27 和 18。此外，也可以使用数学家托马斯・L・萨帝（Thomas L. Saaty）及其助手们最先提出的“分析层级程序”(analytic hierarchy processing)，这是更系统的找到权重的方法。

另外一种方法是让当事方先从靠直觉分配分数入手，然后进行“试验”，看总分为 50 分的各种不同的组合是否代表了总价值的一半。如果答案是否定的，那么最初的分数分配方案就需要调整，直到当事方认为所有待分配项目的分数都不再需要调整，感到满意为止。

把问题划分为若干独立问题

还有一个难题，即让存在争议的各种问题尽可能被独立处理，这样各项分数相加才有意义。如果在问题 1 上获胜会影响在问题 2 上获胜的价值，那么在问题 2 上得到的分数就不能简单地与其他分数相加——这取决于问题 1 将怎样变化。从这个意义上讲，西岸/加沙地带问题最好被当作一个问题来处理——尽管西岸和加沙地带在地理上不是一片土地——因为独立于另外一个问题而只考虑其中一个问题将非常困难。

相比之下，在未来可能达成的协议里，有理由认为，几百名以色列居民撤出加沙地带比几千名甚至上万名以色列居民撤出西岸要更容易实现。尽管以色列与巴勒斯坦解放组织的1993年《奥斯陆条约》和1998年《瓦伊河临时和平协议》都把以色列管理和安全人员撤出西岸与撤出加沙地带联系起来，但撤出居民则完全不同。在未来可能达成的协议里，埃以双方谈判人员应该把以色列居民从加沙地带撤出与从西岸撤出分开处理，尤其因为对以色列人来讲，加沙没有宗教意义，而西岸则有（也被称做Judea和Samaria）。

寻找使用AW法的最佳时机

什么时候使用AW法对处于争端里的当事人来讲才最有利？美国前国务卿亨利·基辛格曾说过："僵持不下之时即为解决问题的最佳时机"。前总统吉米·卡特也有同感，他说："有关各方必须清楚，他们在战场上是赢不了的。"他又补充道，

> 维持现状的成本与坐下来同对方谈判的收益之间有重大区别，政治家就必须看到这一点，仅仅看到一点儿区别是不够的。

根据上述观点，最好的办法是让争议各方在不借助AW法的情况下自己达成协议。如果屡试屡败以至于精疲力竭，他们就可以严肃地考虑正式采用AW法来打破僵局。

当然，依靠任何正式程序来达成协议都仿佛赌博一样，因为无法确切地预测结局。如果争议各方从以下角度来看待AW法，那么，采用AW法的风险就可接受：

- 各方能够平等地从AW法受益，AW法确保公平；
- 通过AW法至少能够获得50分（先分后选法也同样能保证这一点），确保不引起嫉妒；
- AW法是有效率的，因此，各方都相信没有任何协议，公平的或不公平的，能使其获得更大利益。

如果一方认为使用威胁手段可以逼对方就范，或者通过无休无止的讨价还价拖垮对手，那么，无论AW法多么具有公平和效率的优点，都不足以使它得到采用。在这种情况下，在双方愿意考虑作出某

种妥协之前，僵局可以持续几个月，甚至几年，就像戴维营谈判之前的那段时间一样。只有那时，也许双方才愿意在中间人的帮助下达成协议。

AW 法的吸引力在于，它可以使双方迅速完成谈判，至少在界定了争议的问题以及在每个问题上输赢的意义后，谈判的进程就将大大加快。当然，这些都不是小问题，但在这些问题上达成协议——然后让 AW 法找到解决方案——比不借助 AW 法达成复杂的协议可能容易。

对各项问题加以界定

识别争议的主要问题，并尽量把它们分开处理，这可能非常耗时，在能够使用 AW 法以前还需要长期的谈判。但是如果拖延的成本非常巨大，并且对争议问题的界定非常狭义，那么双方应该能够比不使用 AW 法时更快地达成协议。

必须事先决定，在每个问题上的输赢将产生什么结果。与界定问题一样，界定输赢结果也需要真诚的谈判，这项工作可能有时需借助中间人来进行。此外，对每个问题上达成的协议——无论谁赢谁输——进行监督的机制也要写入协议。

使用了 AW 法之后，双方还必须决定，相对的输赢对需要进行公平调整的项目意味着什么。在戴维营的例子中，对西奈半岛的非军事化管理和美国驻军监督协议的执行情况，等同于以色列在该问题上获得的 1/6 的权利。

有关在公平调整问题上部分输赢意味着什么的谈判可以等到使用了 AW 法之后才进行，如第 5 章所示。一旦得知要使用公平调整程序，并知道要在哪个问题上使用公平调整程序，就可以告知双方要怎样划分权益（例如，西奈半岛的权益需进行5∶1的划分），但不是告知哪一方成为相对的（5/6）赢家，哪一方成为相对的（1/6）输家。

这时双方要进行谈判以达成两项协议，分别针对以色列和埃及成为 5/6 的相对赢家的情况。因为双方都有可能成为 1/6 的输家，所以都会愿意展开谈判。打个比喻，如果一方成为赢家后想要天上的月亮，另一方也完全可以这么做。这会促使双方在谈判时保持公正，以防自己一旦成为输家，利益便遭受较大损害。这样，双方将被驱使着在界定 5/6 赢家——无论哪一方成为赢家——的权利上达成协议。

上述实际考虑无一构成使用 AW 法时不可克服的障碍。为了使 AW 法发挥最佳效果，必须对双方进行教育，使他们知道为获利或出于恶意而操纵 AW 法的风险，包括可能引火烧身的危险。同时，还应该建议他们如何界定争议问题，尽量把各问题分开处理，从而保证把各项分数相加时是有意义的。最后，他们还必须达成协议，决定在每个问题上的输赢都意味着什么。

AW 法并不能取代谈判，它只是规定谈判以某种方式进行，以帮助争议各方避免遭到琐事的羁绊或者因琐事而无法达成协议。一旦找到了谈判方式，AW 法就能找到一个公平的、不引起嫉妒的、有效率的解决方案。

AW 法为双方都节省了宝贵时间。此外，通过这种方法达成的协议效果更好。经过艰苦谈判达成的协议往往给双方都留下怨恨，不利于未来继续进行谈判。而 AW 法不仅能解决这个问题，而且为在领导人发生更迭或出现偶然事件等新的环境下重开谈判提供了一条捷径。

《戴维营协议》的公平性

《戴维营协议》公平吗？我们相信答案是肯定的，因为它与运用 AW 法能够得出的结果非常接近。而 AW 法方案——不引起嫉妒的、公平的、有效率的——是我们判定公平与否的标准。

许多埃及人对戴维营谈判的结果感到失望。埃及一名前外长伊斯马尔·法默（Ismail Fahmy）曾写道：

> 协议让以色列人占尽了便宜，而埃及人付出了代价。结果是，除非对协议进行彻底修订，否则和平不可能长久。

在《戴维营：缔造和平与政治学》(*Camp David*: *Peacemaking and Politics*)(1986 年)一书中，政治学家威廉姆·B·奎特(William B. Quandt)也宣称，以色列在谈判中占了上风。然而，我们运用 AW 法重新进行考察后发现，谈判结果可能已经非常公平了。法默认为不公平的和平方案不能持续，如果他的信条是正确的，那么，过去 20 年埃以双方能够和平相处(尽管是“冷淡”的和平)的事实恰恰说明了戴维营方案是公平的。

埃以双方谈判人员尽管都非常渴望“获胜”，但同时他们也认识到，这并非零和博弈，一方获胜，另一方就一定失败，这个事实进一步印证了我们的观点。在吉米·卡特的协助下，最后达成的协议使双方同样受益，因而，可以认为协议是公平的。

如果在中东问题上能达成公平的协议令人感到奇怪，那么，能达成协议本身可能更令人奇怪。就政治纠纷整体而言，尤其是国际争端，当事方往往在程序问题上花费大量时间和精力，然后才进入实质性问题。埃以谈判也不例外：双方在谈判中几次都在程序问题上发生激烈斗争。

因为程序能够受到操纵，从而能导致更好的或更坏的结局，所以争议各方便有很强的动机在程序问题上花费精力。相比之下，AW 法不仅仅确保解决方案在几个重要标准的衡量下都是公平的，而且为各方创造机会，使他们能专注处理实质性问题——同时，又免受程序操纵的困扰。

困扰国际争端的另外一个问题是，解决方案看上去可能对一方不利，于是该方干脆放弃谈判，而不是试图对不利的局面进行挽救。在戴维营里，萨达特在谈判进行到第 11 天时表达了这方面的忧虑，并收拾行李，想打道回府。只是吉米·卡特强烈的个人请求辅之以露骨的威胁才阻止了萨达特，使谈判得以继续进行。

AW 法具有非常吸引人的优点，确保公平的谈判结果，因而，它减少了当事方的担忧，使谈判在正常的轨道上顺利进行。AW 法本应该能在处理埃以矛盾上发挥作用——创造一个比戴维营谈判更为友好的环境，并提前 2～3 年达成协议，这是完全有可能的——但结果不会与实际达成的协议存在太大分歧。

这不等于说像 AW 法这样的公平分配程序就没有缺陷。比如，正式程序没有非正式程序的灵活性，尽管“灵活性”是把双刃剑，在找到解决问题的捷径的同时，往往导致武断的结果。再比如，各项议题之间往往都有关联，很难把它们分开处理，这使问题更加难以解决。

能够使公平的重要特征得到保证的程序，其价值不应被低估。长久以来，公平，或者缺乏公平，就是那些感到处于劣势或被剥削的人们的呼声。AW 法通过解决矛盾有助于缓解这些人的压力，因此，其前景非常光明。第 7 和第 8 章将要探讨把 AW 法运用于最近的一些争端，这些争端与戴维营里讨论的主权、安全和领土问题具有非常不同的特点。

第 7 章

调整赢家法：个人争端

仅美国一年就有 120 万宗离婚案。近几年来最有名的两起名人离婚案发生在英国和美国，分别为英王储（查尔斯）与王妃（戴安娜）的离婚案以及美国人多纳德·特拉普（Donald Trump）和伊凡娜·特拉普（Ivana Trump ）夫妇的离婚案。本章将提及英王储夫妇的离婚案，并将较为详细地分析特拉普夫妇的离婚案。通过 AW 法对特拉普夫妇的离婚案得到的解决方案与夫妇两人通过律师达成的实际协议非常接近，从这个意义上讲，该离婚案与上一章分析的戴维营的情况极为相似。

同样的情况还发生在1996年美国民主党和共和党总统候选人关于他们辩论的内容和性质所起的争端，直到11月大选开始前几个星期，争端才得以解决。通过AW法为该争端找到的解决方案与比尔·克林顿和鲍勃·多尔的顾问们实际达成的妥协也非常接近。

特拉普夫妇的离婚案和两党候选人的辩论争端都得到了解决，这也不足为奇。当争端双方都可能从解决方案中获益，他们就将有足够的善意和耐心使谈判进行到底，并使可能获得的收益变为现实。

然而，对于其他争端双方来讲，尤其是离婚夫妇，双方往往缺乏善意和耐心，这正是AW法的用武之地。AW法的作用不是批准或加速没有AW法本来也可以达成的某项协议，而是为争端找到双方都可以接受的解决方案，如果不使用AW法，这些争端经常会无休止地进行下去，且双方都要付出昂贵的代价。通过AW法达成的解决方案可能是当事方在使用AW法之前想都不曾想过的，这也反映出AW法在解决争端方面发挥着创造性的作用。

个人之间的矛盾无处不在，既有发生在工作场所的矛盾，也有家庭矛盾，很多都涉及每个人的权利和义务问题。在家里，夫妻双方通常在家务活的分工上发生口角，使用AW法就可以找到分配家务活的公平方法：在某项家务活上“获胜”就意味着不必承担这项家务活——它将由对方承担——即所谓的*家务活问题*(chores problem)。在工作中，AW法也可被用来分配任务，每个人对自己想做的工作（被认为是“好事”的那些工作）或不想做的工作（被认为是坏事的那些工作）都可以去竞争。

好事和坏事可以被写进同一份清单里。因而，如果两个公司员工都认为“与潜在客户进行联系”是好事，而“处理顾客投诉”是坏事，那么，只要把后者写成“不处理顾客投诉”，两项任务就可以同时被写进“好事”的清单里。两个员工如果使用AW法来分配任务，他们每人都要考虑“与潜在客户进行联系”比“不处理顾客投诉”值更多的分数还是更少的分数。

离　婚

20 世纪 90 年代，两桩离婚案曾占据了报纸的头条位置：多纳德·特拉普和伊凡娜·特拉普夫妇于 1991 年结束了两人 13 年的婚姻关系，英国王储查尔斯与王妃戴安娜于 1996 年结束了两人 15 年的婚姻关系。但这两桩离婚案毫无典型可言，因为它们都涉及难以想象的巨额财产、公关方面的斗争、对婚姻的不忠诚，正常婚姻关系之外的情人的照片充斥了报纸的头版新闻。也许令人奇怪的是，这两桩离婚案都不涉及子女的监护权问题。

离婚夫妇所面临的关于财产或议题公平分配的典型问题以及 AW 法的作用，稍后进行讨论。让我们从皇室夫妇的非典型问题入手。

王储夫妇斗争的焦点不仅是包括珠宝和赛马在内的钱和财产问题，而且还有头衔问题。戴安娜是否还将被视为皇室一员，从而有资格被称做“殿下”？还是将被切断与白金汉宫的所有联系？至于查尔斯，他将支付给戴安娜多少钱？这里还牵涉查尔斯的母亲，英国女王伊丽莎白二世，因为查尔斯支付给戴安娜的2 200万美元最后可能还得由她出。

实际上，好像正是伊丽莎白女王不情愿地作出决定，王储夫妇应正式离婚，以取代先前的分居状态。王储夫妇的两个儿子，威廉王子和哈里王子（当时分别为 14 岁和 11 岁），大部分时间都寄宿在学校，因此，离婚未涉及两个王子的监护权问题。另一个原因是，在王储夫妇分居的那段时间里，两个王子就轮流与父母亲过节假日，这个安排被证明是成功的，夫妇双方都感到满意。

戴安娜非常看重从查尔斯那里一次性地拿到一笔钱，从而以后不必再依靠他，尤其是如果戴安娜选择再婚，一次性拿到离婚费就非常重要。同时，戴安娜不想放弃她作为“人民心中的王妃”以及“巡回大使”的角色，而王储和女王却想尽量减少她同白金汉宫的联系，并让她“自付账单”（戴安娜一直过着非常奢侈的生活）。

相对来讲，王储夫妇双方在自己认为最重要的问题上都获得了胜利，从而在没有正式使用 AW 法的情况下，达成了 AW 法的解决方案。这不足为奇，因为与《戴维营协议》一样，争端双方通常都以非正式的方式进行谈判——如果取得成功的话。

至于特拉普夫妇，两人也在发生竞争的财产上成功地达成了协议。然而，许多夫妇不但无法成功分割不动产，因为人们经常对不动产倾注感情，而且无法解决子女和金钱问题。

多纳德·特拉普在 1987 年的著作《特拉普：交易的艺术》（*Trump：The Art of the Deal*）当中，为他结束与伊凡娜的婚姻生活而找到了恰当的“交易”进行了辩护，并且他承认还爱着伊凡娜。然而，与其说那本书是为如何进行交易提供建议，不如说是多纳德为他成功进行的不计其数的谈判唱响了颂歌。我们即将看到，伊凡娜手里也有筹码，使她在谈判中成为多纳德旗鼓相当的对手，从而，在特拉普夫妇的离婚案中使用 AW 法是恰当的。

值得指出的是，多纳德在接下来于 1990 年出版的《特拉普：高处不胜寒》（*Trump：Surviving at the Top*）一书中，则向人们展示了名人、富人生活里并不美好的一面。也许，他已经预感到 1991 年与妻子的离婚，更不用说生意场上无数的失意使他开始从 20 世纪 80 年代的鼎盛时期衰落。1997 年，多纳德决定与他的第二任妻子玛拉分居，部分原因好像就是财政问题。他坦承也想对玛拉“公平”，但提起他们的婚前协议，又暗示道：“哎，交易就是交易。”多纳德在其于 1997 年出版的名为《特拉普：反败为胜的艺术》（*Trump：The Art of the Comeback*）的第三本书中，向人们描述了他如何从逆境当中重新振作起来。

特拉普夫妇双方的律师对夫妻两人自己能够达成令人满意的协议表示悲观，一个漫长、代价高昂的离婚战似乎不可避免，尤其考虑到伊凡娜对两人的婚前和婚后协议后来在法律上都提出了挑战。

特拉普夫妇的婚前协议在整个婚姻阶段被修改过三次，根据该协议，伊凡娜有资格获得1 400万美元和夫妇俩在康涅狄格州格林威治的豪宅。此外，在前三个协议里，伊凡娜还放弃了她对婚后财产的享有权。然而，她的律师认为，在第四个协议里，她不会放弃该项权利。第四个协议也成为1990年她提起离婚诉讼的基础。

在诉讼请求里，她提出根据纽约州《1980年婚姻公平分配法》(Marital Equitable Distribution Law)，她与多纳德婚后财产的一半应归自己所有，她估计夫妇两人的共同财产大约有50亿美元。但20世纪90年代后期，“那个多纳德”（The Donald）（人们都如此取笑他）承认了他财务状况不佳，50亿美元的财产水分很大，于是伊凡娜又放弃了诉讼，声称只想获得“公平”待遇。

多纳德的主要问题在于，他庞大的不动产帝国大多建立在借款和垃圾债券的基础上，随着20世纪80年代后期经济逐步陷入衰退，他的身价也大幅缩水。濒临破产之际，多纳德找到自己的债权银行，那些银行共同为多纳德制定了挽救方案。但该方案实施了几个月以后，也被宣布中止。于是，多纳德又被迫与银行签订新的协议，包括抵押几处房产。

伊凡娜完全了解多纳德行将破产的风险，她意识到，如果不迅速了结离婚案，她将成为多纳德众多债权人当中的一个。然而多纳德还没有做好进行交易的准备，而且认为没有理由不遵守夫妇两人的婚后协议。他的律师把该婚后协议描述为“比铁还要坚硬，简直是钢板一块”；伊凡娜试图抛开婚后协议来打离婚的想法无异于“用羽毛砸钢板”。

然而，多纳德坚持说，他也想“公平”，希望与伊凡娜庭外和解，以减少媒体对夫妻两人的负面报道，并避免将他的财政窘境置于众目睽睽之下。

所以当伊凡娜1991年初表示愿意庭外和解时，多纳德就迫不及待地答应了。(有意思的是，伊凡娜的态度与一年前相比发生了变化。根据《纽约时报》1990年2月13日的头条新闻报道，伊凡娜曾叫嚣：“把广场给我，把喷气机给我，还得再给我1.5亿美元。”）去除很可能被银行收走的资产以及伊凡娜没有资格享有的与生意有关的产权（包括特拉普航天飞机、长达 282 英尺的“特拉普公主”号游艇，以及一架波音 727 私人飞机），特拉普夫妇需要划分的房产包括：

- 一座拥有 46 个房间的豪宅，位于康涅狄格州的格林威治；
- 一座拥有 118 个房间的豪宅，位于佛罗里达州的棕榈滩；
- 一座特拉普广场公寓，位于纽约市；
- 位于纽约市特拉普大厦内的三层楼，共 50 个房间。

特拉普夫妇还必须就多纳德支付给伊凡娜的离婚费以及三个子女（当时分别为 12 岁、8 岁、6 岁）的抚养费达成协议。伊凡娜取得了孩子的监护权，多纳德则有探望权。

伊凡娜预计应得到价值 120 万美元的现金和珠宝，除此之外，离婚不涉及其他现金问题；多纳德几乎资不抵债，更不用说变现能力了，其大部分经营活动不是出现亏损，就是收入刚够弥补成本。他的生活来源是一家债权银行每月支付给他的 37.5 万美元“贴补”。

如果使用 AW 法，多纳德和伊凡娜对各项房产分配分数的情况很有可能如下所示：

特拉普夫妇分配的假定点

房产	多纳德	伊凡娜
康涅狄格州房产	10	<u>40</u>
棕榈滩豪宅	<u>40</u>	20
特拉普广场公寓	10	<u>30</u>
特拉普大厦的三层楼	<u>40</u>	10
总计	100	100

可见，伊凡娜非常重视康涅狄格州房产，那儿一直是主要的家庭所在地。而夫妇两人此前签订的四个婚姻协议也都规定，如果离婚，康涅狄格州房产将归伊凡娜所有。

另一方面，多纳德则对棕榈滩豪宅显示出更加浓厚的兴趣，那儿一直是家庭度假所在地。多纳德计划将其周边地区划分为 8 大块进行开发，并取名“Mar-a-Lago豪宅”，但拥有118个房间的主楼仍归他自己使用。

对于特拉普广场公寓，伊凡娜的兴趣则大于多纳德，夫妻分居期间，伊凡娜与孩子们就住在那儿。而多纳德搬到了特拉普大厦，因此，与广场公寓相比，他对特拉普大厦的三层楼兴趣更大些。

使用AW法，多纳德起初将获得棕榈滩豪宅和特拉普大厦的三层楼，共计80分。伊凡娜则获得特拉普广场公寓和康涅狄格州房产，共计70分（最初的房产分配情况如表中画线部分所示）。但公平调整程序要求，多纳德必须在最小比率项目上，即棕榈滩豪宅（40/20=2，小于特拉普大厦的3层楼上的比率40/10=4）上返还一些分数。

设x为伊凡娜应该在棕榈滩豪宅上获得的比例，使多纳德的分数和伊凡娜的分数相等，即：

$$70+20x=80-40x$$

求x，得：

$$60x=10$$

$$x=1/6\approx0.17$$

因此，伊凡娜将获得该处房产的17%，多纳德保留余下的83%。经过调整，夫妻两人都获得了73.3分，几乎是总价值的3/4。

没有理由认为，如果真的使用了AW法，多纳德和伊凡娜会以不真诚的方式对各项房产分配分数。多纳德反复表达与伊凡娜友好分手的愿望，甚至“（比最后一个婚姻协议）更前进一步，因为我恰恰仍然爱着她。”（人们也许会问，爱她多于爱玛拉吗？玛拉当时是多纳德的女朋友，后来成为其第二任妻子。）如果多纳德愿意，他本来可以诉诸法律，以使他与伊凡娜的婚姻协议得到强制执行，但他放弃了这种做法。种种迹象表明，他对伊凡娜仍怀有眷顾。

伊凡娜经常感到受到多纳德的操纵，急于摆脱与多纳德的关系，她想要的“无非是公平、公正，是自己应该获得的那份财产”。尽管初期她曾表示要“报复”，后来在一部电影里出现时也表达了这种愿望，但事实是，她也仍然爱着多纳德："许多朋友都坚信，伊凡娜终将会让多纳德重新回到自己的怀抱。伊凡娜本人也这样认为。在我对她进行了访谈之后，她让人给我打电话，说她'仍然疯狂地爱着他'。"在与多纳德离婚后，伊凡娜再婚，但不久又迅速离婚。

实际的解决方案与我们使用 AW 法获得的方案几乎完全一致。伊凡娜获得了康涅狄格州的房产和广场公寓，多纳德则获得了特拉普大厦的三层楼。至于棕榈滩豪宅，它既没有被分割，也没有被出售。伊凡娜每年可以在那儿度假 1 个月，从而与她的朋友们保持接触，这种社交生活对她非常重要。

此外，多纳德还将以现金支付伊凡娜1 400万美元以及每年 65 万美元的子女抚养费，这些在夫妻两人的第一份婚姻协议里都有规定。这笔钱与棕榈滩豪宅 17%比例的公平调整非常相似。

当然，大多数离婚夫妻都不能与查尔斯和戴安娜，或者多纳德和伊凡娜同日而语。尽管这两对夫妻也经历了感情上的创痛，但显然他们衣食无忧。相比之下，一些分析家认为，大多数夫妻处理离婚时所使用的非正式程序"经常导致竞争、敌对、难以控制的局面"。

许多夫妻离婚时，都要在钱财、房产、子女等问题上争吵不休，AW 法为及早结束这种局面提供了途径。与特拉普夫妇遇到的情况一样，夫妻双方出于个人环境或感情原因，对各项财产的重视程度可能不同。通过使用 AW 法，以分配分数来表明偏好，夫妻双方按照各自的价值判断标准，可能均有机会获得所有待分配价值的2/3～3/4。正如我们模拟的结果，特拉普夫妇做到了这一点，查尔斯和戴安娜或许也可以做到。

如果一个人如何评价某项目取决于他是否获得另外一个项目，那么，这些项目即不可分，从而将削弱 AW 法的使用效果。然而，有办法解决这种情况。假设离婚夫妻在房子归属问题上发生竞争，但一方缺乏维修房子的手段。既然赢得房子本身对该方意义不大，那么，房子和其维修就是不可分的。

在这种情况下，房子的归属结果对夫妻双方可以不同。对缺乏维修手段的那一方来讲，赢得房子的同时也将获得一笔维修费，而对另一方而言，则仅仅获得房子本身（没有维修费）。这样，房子将不再对夫妻双方具有同样的意义——谁赢就归谁，而是对双方具有不同的输赢结果。

虽然对子女共同行使监护权的安排越来越普遍，但子女问题仍然是离婚时遇到的一个主要问题。如果夫妻双方都非常重视在这个问题上获得应有的“比例”，那么，子女问题往往就是公平调整程序里的最小比重项目。

当然，人们都希望监护权问题能够在处理其他问题之前就事先获得解决，就像特拉普夫妇离婚时那样，但不是每对夫妻都能这么做。这时，AW 法可以帮助人们避免在监护权和探视权问题上争吵不休、互相伤害，离婚时往往无法避免遇到这些问题。

如果需要在子女问题上进行公平调整，那么，典型的结果是一方获得的比另一方多。一旦将该结果告知夫妻双方，但不知道谁将成为赢家、谁将成为输家，那么，一个协议就足够解决问题：在该问题上获胜的一方获得主要监护权，另一方则获得探视权。如第 6 章所示，在输赢结果尚未揭晓的情况下，双方更有可能达成协议。由于双方的目的相同（获得主要监护权），因此，只需就一个协议进行谈判。

将 AW 法运用于解决离婚问题有三大优点。首先，中性的分数分配有助于离婚夫妻不把那些酸甜苦辣的感情色彩与划分婚姻财产的实际情况相混淆，包括解决子女问题在内。其次，AW 法迫使双方都认真思考自己最重视什么、最想获得什么结果。这样，对各项目分配分数就会减弱一方对另一方进行恶意报复的想法，因为这样做即意味着该方将不得不降低自己比较重视的项目的分数。

最后，“硬性”的分数与“软性”的立场比起来，前者可以把谈判过程里的虚张声势降低到最小程度。例如，丈夫真正希望获得的是一笔抚养费，于是他假装表示将把许多分数分配给子女问题或子女抚养问题。如果不使用 AW 法，丈夫的手段可能奏效，若妻子非常希望争取到子女监护权，她就可能放弃抚养费。但如果使用 AW 法，妻子坚信丈夫给子女问题分配的分数根本不会高过自己给子女问题分配的分数，那么，妻子就有可能看穿丈夫的诡计，而丈夫的诡计则不过是个“唬人的把戏”。

使用 AW 法时还会遇到另外一个问题：家长可能不希望让孩子知道，他（她）在父亲心中的分量不如在母亲心中的分量，或者在母亲心中的分量不如在父亲心中的分量。如果通过一位值得信赖的中间人来使用 AW 法，这个问题就迎刃而解了。该中间人不会对外宣布当事双方的分数分配情况，只会宣布最后的结果。既然有可能进行公平调整，因此，双方都不会为了确保在某个项目上获胜而故意给该项目分配更多的分数。

无论公布还是不公布双方的打分情况，AW 法都决定最后的分配。如果双方能真实地表达各自最重视的项目，那么 AW 法就有可能促成妥协。

总统竞选辩论

1976 年以来，现场直播总统候选人电视辩论就成为美国总统大选的固定活动。美国第一次举行总统候选人辩论是在 1960 年，当时民主党候选人是约翰·F·肯尼迪，与他竞争的是共和党候选人理查德·M·尼克松。但随后的三届总统大选（1964 年、1968 年和 1972 年）都没有举行辩论活动，直到 1976 年才恢复。

1960 年时，大家普遍相信肯尼迪在所有四轮辩论中都会“获胜”。许多分析家认为，肯尼迪在辩论中上乘的表现，尤其在第一轮里的表现，对他在势均力敌的大选中获胜起到了决定作用。所以，当尼克松在 1968 年和 1972 年的两次大选中都决定不与民主党候选人休·H·哈弗瑞（Hubert H. Humphrey）或乔治·麦克戈文（George McGovern）举行辩论时，大家都不感到奇怪，但1968年尼克松以微弱优势赢得了大选的胜利，而1972年尼克松则以绝对优势再次赢得了大选。

1976年以后，总统候选人辩论活动就一直延续了下来，到1996年比尔·克林顿与鲍博·多尔举行辩论时，已经是20年里的第六次了。但当时辩论的形式和内容本身已引起了很大争论，其实，在进行第一次辩论以前，争论就已经存在了。1996年，总统候选人及其顾问们对辩论的分歧主要集中在以下四个问题上：

● 要不要包括独立党候选人罗斯·佩罗（Ross Perot）；

● 辩论的场数和时机；

● 每一场辩论的时间长短；

● 辩论的形式。

下面，我们依次讨论这几个问题。

1. *包含/排除佩罗*。1996年9月份大选正式开始时，克林顿总统的支持率大大领先于参议员多尔，他希望让佩罗也参加辩论，显然，他相信佩罗对多尔的威胁要大于对自己的威胁。然而，成立于1987年、作为赞助机构的非党派总统辩论委员会却建议，佩罗不应该参加辩论，理由是佩罗缺少赢得大选的“现实机会”。（事实上，佩罗在1996年大选中获得了8%的选票；1992年，他与克林顿和乔治·布什一同参加了辩论，当年他获得了19%的选票。）

克林顿的顾问们警告说，佩罗不应该接受委员会的建议，应该再寻找一个倾向于接受佩罗参加辩论的赞助机构。而约翰·巴克利(John Buckley)，多尔的公共事务主管，却认为这是一个无耻的政治阴谋，他说：“克林顿一伙人对佩罗先生的态度并非出于对民主过程的狂热。这纯粹是一个冷酷的政治决定，他们觉得把佩罗拉进来可以帮助这位总统。”

多尔的顾问们相信，佩罗参与辩论将只能起到分散多尔选票的作用，而他们正需要拼命地拉选票。有意思的是，克林顿对该问题的谈判组组长米奇·坎特（Mickey Kantor）的一番话可能最能表达多尔等人对该问题的强烈感受，他说："多尔阵营的立场就是不与佩罗辩论。若佩罗一定要参加辩论，他们将宁愿放弃所有的辩论。"

多尔等人是否在虚张声势？引用一位分析家的观点，"鲍博·多尔承受不起放弃辩论的后果；他将被迫参加三方辩论。他在大选中落后太多了，手里没有几张可以讨价还价的牌"。

2. *场数和时机*。从一开始，克林顿就提出进行两场辩论，最好第一场安排在 10 月 6 日，第二场安排在 10 月 13 日；而多尔则希望在 10 月 20 日再进行一场辩论。克林顿总统的各项主张已广为人知，在 11 月 5 日选举日期临近前安排第三场辩论，将给多尔再提供一次机会宣传自己的立场。同时，在大选临近之时再安排一场辩论，也为多尔提供了缩小与克林顿差距的更多机会。

3. *长度*。克林顿远比多尔年轻，而且是出名的辩论高手，因此，他希望两场辩论均历时两个小时。据报道，克林顿相信多尔可能撑不住两个小时的辩论。多尔则更倾向于 60～75 分钟，部分原因是第三场辩论可以弥补缩短的时间，从而在总时间上与克林顿的提议差不多。

可以想见，每一场辩论历时长短与辩论的场数及时机有关，因此，这两个问题至少在某种程度上是不可分的。一个解决办法是，把需要解决的问题设计成同时对两个问题都作出选择。因此，如果克林顿在这个问题上推行了自己的主张，那么，需要解决的问题就应该是"两场辩论，每场历时两个小时"；相反，如果多尔在这个问题上获胜，需要解决的问题就应该是"三场辩论，每场历时一个小时"。但在我们的分析当中，这两个问题将被分开来处理。

4. *形式*。克林顿希望第一场辩论只有一个主持人参加，而第二场则按照城市会议那样举行，邀请观众参与，对于这个形式，克林顿早在 1992 年大选时就表现出了驾轻就熟的本领。多尔不如克林顿擅长交际，因此，他对这种形式感到不能适应。但另一方面，这种形式也为他提供了一个机会，向大家展示自己"正常人"的一面。

以下是两位候选人在四个问题上可能出现的分数分配情况：

克林顿和多尔分配的假定点

问题	克林顿	多尔
包含/排除佩罗	40	<u>50</u>
场数和时机	<u>20</u>	16
长度	<u>20</u>	18
形式	20	16
总计	100	100

双方分歧的焦点是要不要让佩罗参加辩论，由于多尔处于弱势，他可能比克林顿更想在该问题上推行自己的主张。因此，我们假设他给该问题打 50 分，克林顿打 40 分。至于其他三个问题则很难判断，对双方来讲究竟哪个更重要一些。

因此，我们假设双方各自给其余三个问题打的分数都不相上下。如果双方给出的分数只能是整数，那么，多尔在给第一个问题打 50 分后，给其余三个问题打的分数就无法完全一致——$50/3\approx16.67$，不是整数。但如果假设对多尔来说，每场辩论历时长度比剩下的那两个问题更重要，那么，就有理由认为，他可能给长度问题打 18 分，给场数和形式问题各打 16 分。

这样的分数分配格局将使多尔获得佩罗问题的最初胜利，即不让佩罗参加辩论（获得 50 分），克林顿则获得其他三个问题的胜利（总分 60 分）。因此，克林顿必须把最小比率项目（长度）的一部分 x 转移给多尔，使双方分数相等，即：

$$50+18x=60-20x$$

求 x，得：

$$38x=10,$$

$$x=5/19\approx0.26$$

因此，克林顿在长度问题上的让步幅度将达 1/4。结果，双方的总分数分别都达到 54.7 分，与戴维营问题上双方分别获得 65.8 分，或者特拉普夫妇分别获得 73.3 分比起来，这是比较少的分数。

双方获得较少分数的原因是，双方都从“零和”角度来看待与总统辩论的有关问题，换言之，对所有四个问题来讲，一方获胜的程度几乎与另一方在同一个问题上失败的程度相当，导致双方在该问题上的分数总和接近于零。在我们前面讨论过的例子里，双方立场差距较大：彼此需要的不是同一个项目，因此，更容易得到满足；但在总统辩论的例子里，双方能够获得的“附加值”无几——一方获得的，几乎就是另一方失去的。不管怎样，两位总统候选人获得的分数也差不多达到55分。

当年总统候选人辩论的实际情况与我们使用AW法及设想的分数分配所模拟出来的情况非常接近。总统辩论委员会的一份报告支持了多尔在佩罗问题上的立场，佩罗没能参加辩论，结果佩罗在大选中猛烈地攻击多尔，不仅因为自己遭受了不公平的待遇，而且因为自己向美国人民阐述观点的合法权益受到了压制。佩罗的攻击使多尔丧失了部分佩罗支持者的选票，随着佩罗逐渐退出竞选活动，这部分选票本应该可以投给多尔。

除长度问题达成妥协以外（每场辩论历时90分钟），克林顿赢得了其他所有问题的胜利。这个妥协与公平调整的结果不是完全吻合，但如果使模拟的结果与实际情况一一对应，恐怕也无法实现。

当然，可以在分配分数时“做假”以取得更好的效果——使其更贴近实际情况。然而，作出完美的预测（更准确地说，应该是“后测”，因为我们的预测都是关于过去已经发生的事可能出现的结果）并不是我们的目的；而是让分数分配建基于双方表达出来的偏好之上。只有在双方的偏好与已知的实际结果之间保持独立性，才可能在使用AW法得出的结果与实际结果之间作出合乎逻辑的比较。

在康涅狄格州房产与特拉普广场公寓之间，伊凡娜·特拉普更看重前者吗（在我们的例子中，伊凡娜给它们分别打了40分和30分）？要知道，她与多纳德分居后就一直住在广场公寓里。既然鲍博·多尔曾经暗示，如果罗斯·佩罗参加辩论，他就不与克林顿总统辩论，那么，他会“只”给佩罗问题打 50 分吗？这些都是在我们分析过的实际例子中经常遇到的问题，即使对于当事方来讲，也都非常棘手。

没有魔方可以让我们做比较或交易。如果争端中的项目都是物品，并且只有一件需要被分割或共享，那么，给它们分配分数肯定要容易得多。

但谈判经常涉及的是更加模糊的、不太具体的项目——议题——胜负都不明显。对议题使用 AW 法首先需要界定这些议题是什么，然后需要决定在每个议题上的输赢对双方分别意味着什么，这些本身就需要艰苦的谈判。

值得付出这么多努力吗？AW 法——一个有效率的、不引起嫉妒的、公平的解决方法，不仅可用于解决历史问题，而且可用来解决当今世界尚存的各种矛盾，这些都是使用 AW 法的潜在回报。第 8 章将探讨的一些争端，大机构的利益发挥了更大的作用。的确，互相矛盾的企业利益、国家利益、国际利益交织在一起，千头万绪，这种局面个人可以更好地加以避免。

第 8 章

调整赢家法：商业及国际争端

AW 法似乎最适用于解决劳工纠纷，包括那些最后以罢工收场的纠纷。劳动者对薪水、养老金、工作条件等诸如此类的考虑与经理层当然不同，这导致双方都绞尽脑汁获取自己的利益。

处于劳工纠纷以外的第三方常常受到严重影响。例如，1994—1995 年美国主要的棒球队进行了一场历时长久且代价高昂的罢赛活动，球迷们如此愤怒，以至于当球队在联邦法院的判决下恢复比赛时，球迷曾一度“放弃”了对棒球运动的爱好，导致去球场看球的观众减少，电视收视率下降。

除劳工纠纷外，商业活动中的分歧经常发生，尤其进行并购时更加如此。如果每个公司对协议关心的内容不同，那么就需要作出复杂的安排，以使双方都感到满意。这时，AW法就有用武之地了。

在成功的合并过程中，人们最容易忽视的往往是被交易双方婉转地称做社会问题的因素——权利、职务、地位将如何在合并公司的领导者中间进行分配。这些问题若无法得到成功解决，就会损害股东利益，公司领导者也会由于其个人私利没有服从于提升股东利益这个大目标而遭受讥讽。

我们将在本章具体考察如何运用AW法来降低社会问题危害公司合并过程的可能性。由于社会问题而导致合并的过程陷入僵局将使得双方公司为此付出高昂代价。1998年2月，两家药业巨头葛兰素·威康（Glaxo Wellcome）和史克必成（SmithKline Beecham）的合并计划破产后，两家公司“私利的冲撞导致双方蒸发掉将近190亿美元的股市价值”。

本章运用AW法考察的第二个例子恐怕几年内也无法得到圆满解决。这是亚洲几个国家围绕南中国海的南沙群岛所产生的纠纷，最后演变为中国与另外几个宣称对群岛拥有主权的国家之间的争端。

既然该争端正在进行中，这就意味着我们不能修正已经存在的某个解决方案，并宣称AW法也能以更快的速度获得同样的解决方案，甚至更佳的方案。在这个例子里运用AW法的目的是提供一个对争端进行认真而系统的思考的范例，展示AW法作为政策分析工具的潜力。

合　并

威康—史克必成合并计划流产后，财经界充满了这两家公司的私利如何膨胀以及如何置股东利益于不顾的描述。史克必成的首席执行官詹·莱士利（Jan Leschly）和强硬的威康董事长理查德·赛克斯

(Richard Sykes）爵士被指责患了“大人物”综合征，任凭对权力和地位的考虑淹没了对股东应承担的责任。

这两家药业巨头因无法解决分歧而未能成功合并，否则将成为当时最大的合并案。然而这仅是窥豹一斑，最近许多合并谈判无疾而终，其中不乏由于公司领导层不能就权力划分达成一致而造成的。数月前，梅隆银行（Mellon Bank Corp.）与纽约银行（New York Co.）就是因管理层过渡问题而最终没有达成合并协议。

1996年1月，波音公司与麦道公司因为人事安排及相关问题上的分歧而决定中止合并谈判，将近一年后才出于战略考虑恢复了谈判。同样在1996年，在地区金融行业重组的浪潮中，CCB金融公司与卡罗来纳联合公司（United Carolina Bancshares）展开了合并谈判。但在合并后的公司领导层如何构成、总部设在哪里等问题上，两家公司始终无法达成共识，使得战略合并计划最终没能实现。

简言之，在如今进行的合并交易里，就“客观的”或“可量化的”方面达成协议仅仅是交易成功的要素之一。所罗门美邦公司(Solomon Smith Barney）并购部的联合负责人迈克尔·卡尔（Michael Carr）曾说过：“合并过程中需要平衡许多关系，涉及从股票的价格/收益比到社会问题的方方面面。”克拉瓦、斯文与摩尔公司(Cravath, Swaine & Moore）并购部的罗伯特·金德勒（Robert Kindler）也持同样观点，他说：“如果社会问题得不到解决，那么即使在经济上完全合理的交易也不会获得成功。”与“硬性”的经济要素相对应，*社会问题*涉及地位、角色、荣耀等许多不便说出口的问题。

显然，社会问题对于成功达成合并交易极为重要。但迄今为止，投资专家尚未掌握某种谈判技巧来帮助交易双方的领导层消除分歧，而最近的巨额交易量充分表明，掌握这种谈判技巧又有多么重要。根据PR新闻社（PR Newswire Association）的报道，在美国，仅1998年上半年宣布的并购交易就高达9 450亿美元，超过了1997年全年9 100亿美元的水平，平均每天就有29笔交易。

目前，大多数交易都不是跨行业的交易。典型的合并是把同一行业的两个公司联合起来，以实现增强实力、扩大收益的目的。在这种情况下，若一家公司不能抢在对手前面收购另一家公司或与之合并，则其股东将付出巨大代价。即使最终达成了合并协议，比如波音与麦道合并的例子，也会因为没有尽快解决社会问题而浪费资源和浪费掉公司高级管理层极其宝贵的时间。

AW 法能够防止股东利益由于交易双方未能解决社会问题而遭受损失。社会问题可能构成合并谈判的潜在威胁，AW 法对此可提供强有力的解决方案。除此以外，AW 法还能在合并过程中创造和谐的工作关系，使双方都感到获得了“公平交易”。

后者在合并完成之后的整合时期尤其重要。最近，美世咨询公司（Mercer Management Consulting）的一项研究表明，合并效果没能达到预期目标的主要原因是，合并后的公司无法“使员工有效率地一起工作”。

一个典型的例子是，1998 年瑞士银行公司（Swiss Bank Corp.，SBC）与瑞士联合银行（Union Bank of Switzerland，UBS）合并，合并金额高达 250 亿美元，但并不像预期得那样成功。根据《华尔街日报》的报道，部分 UBS 高层主管由于不满权力的分配，合并后不久就离开了新公司。

考虑到两家公司管理团队的关系从合并前到合并后的转变，促进双方合作的困难恐怕不可避免。随着两家公司融合为一家公司，原先市场上和谈判桌上的竞争对手突然之间就要成为亲密的合作伙伴，这种转变毕竟让人难以接受。

现在，我们举例说明如何将 AW 法运用于合并。假设两家公司——公司 1 和公司 2——正在考虑合并，并同意了股票交换的比例，公司 1 和公司 2 的股东将分别拥有新公司 60%和 40%的股票。但几个社会问题仍然较为突出：新公司的名字；总部的地点；董事长和首席执行官（CEO）的职位在两家公司之间的分配；最后，哪家公司将进行裁员，尤其是管理人员，以消除职能的重叠（每家公司都希望减少本公司的裁员人数)。

假设两家公司在这些问题的谈判过程中都保持诚信。如果其中一家公司的 CEO 能力明显不够,无法带领新公司朝着约定的方向发展,或者在职能重叠的部门里,其中一家公司的员工素质明显优于另一家公司的员工,那么,即使没有 AW 法的帮助,新公司的 CEO 人选以及裁员等问题仍可迎刃而解。因此,我们关注的都是真正难以解决的问题、一定要在两家公司中论输赢的问题。

假设两家公司把 100 分按如下方式分配:

两个公司分配的假定点

问题	*公司 1*	*公司 2*
名称	6	<u>21</u>
总部	<u>35</u>	15
董事长	19	<u>28</u>
CEO	<u>14</u>	12
裁员	<u>26</u>	24
总计	100	100

可以很容易地证明(参见“合并案例”),公司 2 将决定新公司的名称和董事长的人选,公司 1 则将决定新公司总部的地点和 CEO 的人选。在裁员问题上将进行公平调整,97.6%的裁员将由公司 2 承担,2.4%的裁员将由公司 1 承担。这个分配方案使每家公司比自己应得的多获得 24%。

尽管 AW 法作为争端解决工具显然是有效的,然而两个因素可能使其在某些合并谈判中不可行。第一,需要进行公平调整的物品或议题事先不可知,因此,不可分性是个问题。裁员中 x%由哪家公司承担、$(100-x)$%由哪家公司承担,这个问题很容易解决,但对新公司的总部地点进行公平调整则不具操作性。第二,正如前文已多次展示的,该过程可能由于一方掌握了关于另一方分数分配情况的内部消息而受到操纵。

合并案例

根据两家公司最初的分数分配情况（画线部分），公司 1 将获得 75 分，公司 2 将获得 49 分。即使公司 1 有权拥有新公司 60%的股票，两家公司获得的分数也是不公平的。

尤其是75/49≈1.53，比公司 1 多获得的 50%（60/40=1.5）的产权还要多一点。因此，公司 1 必须在自己获得的最小比率项目上返还一些分数给公司 2（裁员问题上的26/24=13/12≈1.08，小于 CEO 问题上的14/12=7/6≈1.17，也小于总部问题上的35/15=7/3≈2.33）。

设 x 为裁员比例问题上公司 1 获得的优惠，$(1-x)$ 为公司 2 获得的优惠。使公司 1 的分数（等式左边）等于公司 2 的分数（等式右边）的3/2或 1.5，得，

$$35+14+26x=(3/2)\times[28+21+24(1-x)]$$

求 x，得 $x\approx0.976$，公司 1 在裁员问题上大获全胜，即 97.6%的裁员由公司 2 承担，公司 1 仅需承担余下的 2.4%。

很简单就可证明，AW 法得出的关于社会问题的分配方案在广义上是公平的：公司 1 获得了 35+14+26×0.976≈74.4，公司 2 获得了 28+21+24×0.024≈49.6，这个结果使每家公司都比自己应拥有的产权 60—40 多获得了 24%。同时，这个3∶2的分配结果在广义上也是有效率的——也许对于谈判被强硬的对手控制的情况下更为重要的是——不引起妒忌的：尽管公司 2 获得的分数略低于 50 分（49.6），但它并不会因此而嫉妒公司 1 获得的分数的2/3那部分（公司 2 拥有的产权本来就应是公司 1 的 2/3），以公司 2 自己的分数分配标准，公司 1 获得的分数的2/3仅是（2/3）×51.4=34.4。

不可分性有可能构成严峻的问题，但大多数合并谈判都能以多种方式成功地解决这个问题。第二个问题——被操纵的可能性，还不太可能对实施 AW 法构成障碍。下面我们逐一讨论这两个问题。

不可分性

解决不可分性问题的一种方法已经被大家所熟悉：双方事先商议获得公平调整项目的某个比例意味着什么（例如，对该项目进行 60—40 的划分，60%意味着什么），但哪一方获得较大比例暂不公开。

因此，如果需要进行公平调整的项目是新公司董事长的人选问题，那么双方可能商议，在该问题上获得 40%的一方（即相对的输家）可以在合并后的头 4 年提名董事长人选，而其后的董事长人选则由获得 60%的一方（相对的赢家）提名。这类似于先分后选程序，区别只是双方都必须（而不仅仅是分者）同意，60—40 的划分是公平的解决方案。

第二种方法是，双方可能商定，让一方多获得一个或几个不以 AW 法进行分配的项目，这可以对该方构成足够的补偿，从而把本来应该进行公平调整的项目全部分配给另一方。当公平调整项目只有很小的部分需要进行转移时，这个方法便非常具有吸引力。

例如，假设需要进行公平调整的项目仍是董事长人选，但是该项目的赢家仅需要放弃 5%的比例。在这种情况下，双方可能商定，董事长人选永远由赢家提名。作为对另一方放弃提名权利的补偿，另一方可以选择一家律师事务所作为新公司的法律顾问（后者相对来讲较不重要，因此是 AW 法考虑范畴之外的问题）。

与那些公平调整项目本身具备可分性的情况相比，上述过程可能使谈判变得更加复杂，但总比面对谁更有资格提名董事长等问题却不知从何入手好得多。尽管《纽约时报》曾报道，新公司的董事长可以由两家公司的 CEO 轮流担任，但情况往往是，两个人也足以使事态变得混乱不堪。

在董事长人选等公平调整项目上达成协议经常需要赢家对输家作出某种形式的补偿。但在事先不知道哪一方成为赢家、哪一方成为输家的情况下，双方也不会知道商定的补偿是降低自己的福利（其 CEO 成为新公司的董事长），还是增加自己的福利（其 CEO 鞠躬离位）。

第三种方法是，双方商定由双方都接受的第三方来决定，董事长人选问题或另一个不可分问题的某个比例意味着什么。这时使用 AW 法的优势是，第三方只需帮助解决一个问题。

第四种方法是，在容易划分的项目上进行公平调整，不论双方在该项目上所分配分数之间的比率是否最小。但这样做会导致最终的解决方案缺乏效率，这是该方法的明显缺陷；然而，如果该项目的比率几乎最小，那么，牺牲效率所付出的代价就相对较小。在这种情况下，双方可能为了达成公平、不引起嫉妒的分配方案而宁愿放弃效率。

内部信息

我们已经从第 5 章看到，如果一方获取了另一方分数分配的准确信息，那么，AW 法就容易受到操纵。然而，如果没有这一内部信息，试图操纵 AW 法的尝试就会一败涂地。尽管理论上可能发生，但在实际的合并过程中，一方操纵另一方的情况极其不可能发生——当然，除了在极端的情况下，一方在另一方安插了商业间谍。

整体而言，更现实的情况是，双方掌握彼此分数分配的情况大致相当。每家公司都受到操纵对方的诱惑，但为了这样做，每家公司不但要准确预测对方实际的打分情况，而且还要掌握对方自己为达到操纵目的而宣布的不代表其实际想法的打分情况。这将使两家公司陷入无休止的猜疑与反猜疑、对策与反对策的旋涡当中。

更糟的情况是，操纵战略并不保证结果不引起嫉妒。因此，诚实地或几乎诚实地表述偏好在多数情况下都符合两家公司的利益，促使它们在打分时基本保持诚实。除非一家公司怀疑对方在自己的公司里安插了商业间谍（这使得交易本身的可行性受到怀疑），在任何其他情况下，都可以认为 AW 法是不受操纵的。

尽管社会问题在合并过程中至关重要，但交易双方还是缺乏有效的解决办法。这个问题不会消失。1998 年 4 月，旅行者集团与花旗集团高达 700 亿美元的巨额合并震惊了整个华尔街。随后，金融服务业和其他领域也发生了几宗巨额合并，其中包括同年 11 月埃克森与美孚公司的合并，双方合并金额更是达到 800 亿美元。

这些交易表明，合并谈判中急需有效的争端解决技巧。为了在新公司的名称等社会问题上达成协议，尤其需要这样的技巧。这方面，《华尔街日报》1998 年 5 月关于戴姆勒—奔驰公司与克莱斯勒公司合并后的新公司名称的报道具有启示意义。

> 名称问题是“最后一项议题”，伊顿先生［罗伯特·伊顿 (Robert Eaton)，克莱斯勒董事长］说。它也是最难应付的一个问题，代表了对巨额跨国交易本身所有的疑虑。“后来它演变成一个非常情感化的问题，双方对此都倾注了感情”，施勒普先生［朱根·施勒普 (Juergen Schrempp)，戴姆勒—奔驰董事长］在一次采访中曾这样表示，并说“我们双方在这个问题上都很强硬”。
>
> 克莱斯勒的人建议用“克莱斯勒·戴姆勒—奔驰”，他们的德国对手则推动使用“戴姆勒—奔驰·克莱斯勒”的名字。双方都有理由对自己公司的名字怀有很深的感情。德国公司的两个创始人是高特力普·戴姆勒 (Gottlieb Daimler) 和卡尔·奔驰 (Carl Benz)，底特律汽车业的传奇先驱瓦特·P·克莱斯勒 (Walter P. Chrysler) 则于 1925 年在一家倒闭工厂的废墟上创建了克莱斯勒。名称问题“不会使谈判崩溃，”施勒普先生说，“但它使谈判陷入僵局”。
>
> 最后，在星期二，双方都接受了“戴姆勒克莱斯勒”的名字 (中间没有横线，以使新公司听起来更像一个公司)。伊顿先生说：“这个名字太好了，很多人都喜欢它。”
>
> 施勒普说，两个公司都从未想到要给新公司起个 Novartis

或 Diageo 之类的全新的名字。“我们的交易充满了感情。戴姆勒和克莱斯勒的名字已经存在很多年了，它们对顾客和员工都意义非凡。”

尽管 AW 法没有为合并过程中解决社会问题提供优美的方案，但它能帮助交易双方在公平的基础上达成协议。当谈判双方都为自己有能力获取最佳结果而引以为豪时，一个引起嫉妒的、无效率的、不平等的解决方案或者（1）根本不被接受，或者（2）影响双方未来的工作关系。无论哪种情况，股东利益都会由于那些习惯了独断专行的公司领导人之间陷入僵局而遭受损失。AW 法恰恰为打破这个僵局提供了非常简便的方法。

南沙群岛争端*

我们第二个例子在性质上与合并不同。合并的例子涉及在双方发生分歧的每一个问题上哪一方获胜，或部分地获胜；而即将看到的例子使人不仅想起第 6 章戴维营和第 7 章离婚的例子，因为它们都涉及财产分配的问题。

然而与那些已经得到解决的例子还不同，南沙群岛争端的结果还未知，尽管等待划分或共享的领土是确知无疑的。此外，争端各方想要达到的目的还有些隐晦。因此，有必要构想出可能出现的几种不同的情况。

引起争端的是什么领土呢？它由南海里 230 多个小岛和礁石组成。

中华人民共和国和中国台湾以及四个东盟成员国——越南、菲律宾、马来西亚、文莱——对部分或全部南沙群岛的陆地和周围水域提出了主权要求。围绕主权的争夺还发生过武装冲突，而且因为这一带

* 作者这里以南沙群岛争端为例并提出模拟解决方案，目的在于全面介绍 AW 法的运用，并未涉及南沙群岛主权争议的现实解决，故未作删改。——译者注

海底可能蕴藏丰富的油气资源，冲突有升级的趋势。

尽管一直以来朝鲜半岛问题和台湾海峡两岸问题比南沙群岛争端更加重要，但随着时间的推移，后者有可能成为亚洲最重要的国际争端。由于南沙群岛的经济开发潜力不断得到认识，领土争端愈演愈烈。例如，围绕捕鱼权就已经发生了几次冲突。

毫无疑问，南沙群岛最具潜力的经济价值在于它的烃资源。1995年7月，《中国日报》曾把南海喻为“第二个波斯湾”。这样比喻虽然有点夸张，但开采性钻井活动以及一些油气资源逐渐被发现等等，都说明南沙群岛可能蕴藏着丰富的资源。然而，其经济开发的可行性尚不明朗，因为要开采这些资源，需建造昂贵的深海钻井平台，每个造价高达10亿美元。

关于不同国家/地区提出的主权要求以及国际法庭和其他机构可能扮演的角色，已经有过很多讨论。（例如，印度尼西亚虽然没有提出主权要求，但已经派出了几个工作组处理一些技术问题。）尽管针对南沙群岛提出了大量的、重叠的主权要求，但没有一个国家/地区曾连续占领过群岛足够大的面积。

通过国际法律程序迅速解决争端的可能性不大。一位分析家曾这样讲过，

> 即使争端各方援引1982年《联合国海洋法公约》的不同条款来支持各自的主权要求，通过海洋法解决争端的作用也是有限的。

主权、经济开发、自由通过和地区安全是争端涉及的四个主要议题，理论上讲，可以借助AW法加以解决。解决争端的关键在于主权问题——哪一方将控制哪些岛屿，AW法在这方面似乎可以有所作为，在争端各方中划分这些岛屿。

然而，运用AW法时立刻可能遭遇的困难是，处于争端之中的当事方超过两个。如果我们将争端视做中国与东盟之间的事情（在这个问题上把东盟各国作为一个整体来处理，尽管新加坡和泰国没有对群岛提出主权要求；另外，印度尼西亚将怎样参与进来也不太明朗），就可以暂时绕开这个困难。

作为处理整个争端的第一步，这样做是出于现实考虑的。到目前为止，中国是对群岛提出主权要求的最大的国家，某种意义上，东盟各国已形成了针对中国的同盟。

尽管目前中国和东盟控制着南沙群岛的大部分，但东盟国家的领导人非常清醒地认识到，中国的势力和影响力会进一步扩大，因此，现在进行讨价还价（东盟各国作为一个整体）对东盟是有好处的。后面我们将看到东盟各国如何处理它们内部的争端。

谈判对中国似乎也有利。诚然，没有一个中国领导人愿意把“中国领土”谈丢。而且，如果控制南海是中国重要的军事目标之一，那么，中国目前不宜在主权要求上做出让步。但是，对中国来讲，下面几个因素可能使天平向通过谈判尽快解决争端的一方倾斜：

1. 中国快速的经济发展将使其能源进口迅速增加，而如果南沙群岛的烃资源不久得以开采，将减少中国的能源进口量。

2. 中国在南海的态势使其邻国感到不安，使美国找到了继续在东亚驻军的借口，而如果没有这个威胁（尤其是美国海军），东亚的不安会大为降低。

3. 如果在南沙群岛问题上采取僵硬态度，那么，中国在处理其他边境争端时，尤其是与越南的边境争端时，就会困难得多。

综合上述原因，在南沙群岛问题上达成公平的解决方案符合中国和东盟的长期利益。这个解决方案可能不仅包括划分岛屿，而且包括共同行使司法权和共同开发。尤其对双方兴趣相当、都能从共享中获益的岛屿，要在 AW 法通过公平调整而允许的范围内共同行使权力。

接下来的分析里，我们假设中国和东盟是平等的争端主体，这是一个合理的出发点。当然，该假设也并非一成不变。正如第 5 章及“合并案例”所展示的，为了反映双方本来就不平等的权力，可以商定做出其他安排。

在南沙群岛问题上，假设双方必须划分的是南海的 5 组岛屿以及临近海域：中北、中南、东部、南部和西南。将 230 个岛屿分成若干区域，虽然可能由于捆绑而造成一些损失（可分配的项目越多，置换和交易的机会就越多），但这个做法简化了问题，否则双方将不得不给每个岛屿打分，每一方要分配的分数也许高达1 000分。

中国和东盟将如何分配这些分数，取决于双方寻求的最大化目标。虽然无从知道双方确切的愿望，但在运用 AW 法时，我们可以先为中国设定三个目标、为东盟设定两个目标。

根据不同的最大化目标，中国可能出现的几种情况

1. *政治合作*。中国虽然寻求在争端地区建立自己的主权，但也不想扩大与东盟的矛盾。因此，中国将优先考虑控制离本国最近的区域，即中北和中南——给这两个区域分别分配 40 分和 30 分，而对东部、南部和西南区域则采取更为温和的态度，给这三个区域分别分配 10 分。

2. *军事地位*。中国将寻求在中北、南部和西南巩固军事基地，从而在整个争端地区加强军事力量。因此，中国将给这三个区域分别分配 30 分、30 分、40 分，对中南和东部区域不分配分数。

3. *经济收益*。中国将寻求控制含烃量最丰富的区域（南部，尤其是西南），给它们分别分配 30 分和 50 分。同时，还为离本国最近的中北部区域保留了 20 分。

根据不同的最大化目标，东盟可能出现的几种情况

1. *政治合作与经济收益*。东盟将避免在离中国最近的区域问题上冒犯中国，但对南部和西南等经济开发前景广阔的区域则提出强烈的主权要求，给这两个区域分别分配 40 分。对东部区域的主权要求（20 分）——中国在两种情况下都愿意放弃东部——也将是东盟在该目标下的选择。

2. *集中控制*。东盟将放弃对中北区域进行政治控制和对西南区域进行经济控制的要求，但通过把分数集中分配给中南、东部和南部——分别分配 30 分、30 分、40 分——东盟企图迫使中国控制不相连的区域，从而削弱中国在整个南海的政治—军事地位。

中国和东盟可能采取的策略总结如下：

区域	中国			东盟	
	1. 政治合作	2. 军事地位	3. 经济收益	1. 政治合作与经济收益	2. 集中控制
中北	40	30	20	0	0
中南	30	0	0	0	30
东部	10	0	0	20	30
南部	10	30	30	40	40
西南	10	40	50	40	0
合计	100	100	100	100	100

对中国的三个策略和东盟的两个策略进行组合，可以得到 6 种情况，分别使用 AW 法。

因为允许双方给某个区域打 0 分，而不是像先前规定的那样，最少也要打 1 分，因此，在运用 AW 法时会遇到小小难度。以中国的第二个目标（军事地位）和东盟的第一个目标（政治合作与经济收益）进行组合为例。最初，中国赢得了中北区域（30 分对 0 分）；双方给中南区域打出了相同的分数（都是 0 分）；东盟赢得了东部（20 分对 0 分）和南部（40 分对 30 分）；双方给西南区域也打出了相同的分数（都是 40 分）。暂时不考虑双方分数相同的区域，中国赢得了一个区域，合 30 分，而东盟赢得了两个区域，合 60 分（＝40＋20）。

根据 AW 法的规则，分数相同的项目将首先分配给相对落后的一方，即只获得 30 分的中国。但是如果把 40 分的西南区域分给了中国，中国的总分将是 70 分，超过了东盟的 60 分。（另一块分数相同的区域是中南，但由于双方给出的分数都是 0 分，意味着对双方都没有价值，因此可以忽略不计。）这样，必须对西南进行公平调整。

设 x 为东盟在西南区域获得的比例。令东盟的分数与中国的分数相等，即

$$60+40x=70-40x$$

求 x，得

$$80x=10$$

$$x=1/8=0.125$$

因此，东盟将获得西南区域的12.5%，中国获得87.5%。

一般情况下，要求各方给每个项目（南海争端的例子里就是各个区域）至少也必须打1分，这个规定就是为了避免在比较最小比率时出现分子被0除的现象。例子中，双方对中南区域给出了相同的分数，但在该项目上的比率是0/0，没有任何意义；在东部区域上，双方分数的比率是20/0，意味着无限大。双方在中南区域上没有产生竞争，而东部区域的比率根本就不会出现在任何最小比率的清单上，因此，例子中没有对这两个区域进行公平调整。

南海争端的例子忽略了最小分值的规定，是为了强调双方可能愿意完全放弃对某个区域的控制，以尽量提高分配给其他区域的分数。然而，考虑到计算时可能遇到的困难，最小分值的规定一般来讲还是一个应该遵守的有用的工具。

下表以（C1，A1）表示的第一个组合中（中国的第一个目标，东盟的第一个目标），最初的分配结果是中国获得70分，东盟获得100分。通过对最小比率项目——东部区域（比率是20/10=2，而南部和西南区域的比率都是40/10=4）——进行公平调整，东盟的分数由100分降到80分，中国的分数由70分提高到80分。因此，在这个组合里，把全部东部区域都返还给中国就创造了公平。

对所有6个组合运用AW法得出的分配结果如下所示：

地区	(C1,A1)	(C1,A2)	(C2,A1)	(C2,A2)	(C3,A1)	(C3,A2)
中北	C	C	C	C	C	C
中南	C	5/6C,1/6A	—	A	—	A
东部	C	A	A	A	A	A
南部	A	A	A	3/7C,4/7A	A	3/7C,4/7A
西南	A	C	7/8C,1/8A	C	8/9C,1/9A	C
各方分数	80	75	65	82.9	64.4	82.9

注：C=中国；A=东盟。字母后的数字分别表示中国（三个）目标之一和东盟（两个）目标之一。

从（C1，A1）的组合里我们可以发现，东盟失去的分数（20分）与中国获得的分数（10分）不等，相等的情况只发生在双方对同一区域给出了相同的分数时，如（C2，A1）的例子所示。

除（C1，A1）组合以外，其他组合进行公平调整时都涉及划分被调整的项目；既然被调整的区域一定是双方几乎同等重视的（从最小比率的角度讲），因此，也最有理由让双方共同控制这个区域。

实际情况中，共享意味着什么？以前面讨论过的（C2，A1）为例，西南区域以7：1的比例被划分。那些岛屿究竟将怎样被划分呢？如果某些岛屿附近蕴藏丰富的烃，而其他岛屿则没有，那么，这个问题将尤其难以回答。

作为一种选择，双方可能同意联合控制那些岛屿，然后以7：1为基础，商定一个生产和收益的分成比例。无论双方划分的是岛屿还是收益，前面讨论过的方法都适用。

换言之，监督使用 AW 法的中间人告知双方，调整后将产生相对的赢家和输家，分别获得 7/8 和 1/8 的比例——但哪一方会成为相对的赢家暂不公开。此后双方必须达成一个协议，规定获得 7/8 的赢家和 1/8 的输家具体将获得哪些项目。只有达成协议之后，才能告知双方谁赢谁输，即 7/8 的份额归谁。

假设除了需要进行公平调整的项目以外，双方对自己所获得的区域里的所有岛屿都拥有完全主权，但这不等于排除了双方制定联合开发协议的可能性。事实上，如果某个储量丰富的油田跨了两个区域，那么联合开发对双方将极具吸引力。

所有 6 个组合的分配结果表明，中国和东盟从 AW 法都获益匪浅，都实现了各自目标的 64%～83%，即使在最坏的情况下（C3，A1），双方也按照自己的打分标准，分别获得了所有岛屿的 2/3。

值得一提的是，地理位置接近等特定因素可帮助提出主权要求的东盟国家内部达成协议。例如，天然的地缘因素应使菲律宾获得东部，马来西亚和文莱获得南部，越南获得西南。能否这样分配需取决于中国与东盟之间的分配结果，而上述几个国家在这个过程中也有发言权。

当然，我们为中国和东盟设想的几种情况，是为了说明如何运用

AW 法——即使亚洲问题专家也无法确切地知道双方会优先考虑哪些目标（有些目标文中可能还未提及）。尽管我们提出的几种情况是有根据的，但实际采取的战略有可能反映的是几个目标的混合体，包括我们想不到的目标，东盟尤其会出现这种情况。

几个目标的混合当然将导致不同的分配结果。但是，我们的主要目的不是讨论中国和东盟——或其他案例中的任何争端各方——对群岛“真正的”价值判断，而是介绍一种公平解决问题的方法，这也是我们讨论前面几个例子的目的。因此，任何人对分数分配或各种目标所持有的不同意见，都不影响我们的分析。

最后还要思考：如何解决南沙群岛争端涉及的其他三个问题——自由通过、经济开发和地区安全？与主权问题一样，AW 法能够一一加以解决。但是恐怕要等到主权问题解决以后，才能考虑这些问题。

第 9 章

哪种方法最优?

本书讨论的各种方法适用于不同的情况。本章要讨论的是，不同情况下最适宜使用哪种方法。

未经调整的赢家法

- *均衡交替法简单易用*。严格交替法可能是处理离婚和财产分割等问题时最常用的方法，但它使第一个进行选择的当事方获得优势。除非当事方认为所有项目的价值几乎相等，否则，这种方法会导致嫉妒。

而均衡交替法却给当事方提供了很多方法克服严格交替法的缺陷。如果待分配项目数量多且相对较小，或当事方不能、不愿比较项目集合体（如先分后选法要求的那样），或无法通过分配分数（如 AW 法要求的那样）来量化自己的偏好，那么，均衡交替法不仅易于使用，而且难以被人操纵。另一方面，如果需要解决的不是物品的分配，而是微妙的问题，那么，交替程序就失去意义了。在这个问题上这一方获胜，下一个问题上另一方获胜，该做法过于粗糙，对平衡利益关系这种精细的问题不适用。

- *先分后选法很少成为最佳选择，但特定情况下也有优点。*先分后选法历史悠久，在某些情况下——如分蛋糕——均衡交替法和 AW 法都不适用，但先分后选法适用。在 AW 法的公平调整阶段，先分后选的程序也可能变得十分敏感。如果相对输家在被调整项目上应得的比例接近1/2、1/4、1/8，依此类推，那么，可以通过反复使用先分后选程序来得到这些比例。然而一般来讲，分者很难把待分配或调整的项目分成价值相等的两份；与其这样，还不如在 AW 法上多下些工夫。AW 法虽然也要求量化指标，但可以保证分配结果不引起嫉妒，而且有效率、公平。
- *均衡交替法和先分后选法都能扩展至三个或更多当事方的情况。*当事方从两个扩展至三个或更多时，使用均衡交替法的效果几乎没有改变，仍然易于使用，大多数情况下能实现公平。相比之下，先分后选法在三个当事方的情况下使用起来可能十分复杂，尽管扩展的基础（修剪程序）是同一个简单的道理：一人把待分配项目分成价值相等的若干份（根据他或她自己的判断标准），其他人通过不断修剪最终实现公平。与先分后选法一样，修剪程序也使得分配结果不引起嫉妒。不引起嫉妒这一点对当事方比较感情用事的情况尤其重要，例如家庭成员划分财产时，嫉妒的情绪可能一触即发。数量较多的小项目易于在各份之间进行转移，因此，对有效使用修剪程序以实现公平很有帮助。

调整赢家法

- *AW法更适用于分配物品，而当待分配项目是各种问题时，则需在正式使用前进行大量谈判。*在离婚或划分财产等物品分配问题上，AW法遇到的唯一困难是双方给待分配物品分配分数。如果待分配项目不是物品，而是各种等待解决的问题，那么双方在开始运用AW法之前，必须就等待解决的问题是什么、在每个问题上输与赢意味着什么等内容达成协议。由于没有任何固定模式可以帮助解决双方在这个阶段的分歧，因此不难预见，该阶段将出现大量艰苦的讨价还价。
- *使用AW法时，把各种等待解决的问题整合归类至关重要，尤其是把一个大问题分解为若干部分，并使各部分尽量具有可分性。*如果工资是劳工纠纷中压倒一切的问题，那么，输掉这个问题就等于输掉了整个问题。但类似情况通常可以被分解为若干部分，如基础计时或计件工资、加班费、劳保、医保等等，雇主和雇员双方对这些问题都持有不同观点。这样，“工资”就被转化为一个报酬包，其中每个组成部分都构成独立的问题。为使各项目保持相对独立性，在对其整合归类时必须多加注意。这样做是为了确保在一个问题上获胜不会影响对另一个问题的价值判断，以使各项目分数加总具有实际意义。
- *AW法相当难以操纵，所以操纵对AW法不构成实际问题。*使用AW法时会遇到一个潜在的问题，即，从理论上讲，一方可以利用自己事先获得的对方分数分配的信息，以损害对方利益为代价来增加自己的利益。然而，实际操作中这不会构成严峻问题，因为一方准确获取另一方分数分配信息的可能性非常小。事实上，故意多给出 1 分或少给出 1 分，都可能恶化双方的结果，而诚实的做法至少可以确保，诚实的一方不会嫉妒不诚实的一方。因此，采取掠夺战略的动机非常小，诚实战略将确保当事方至少获得所有待分配项目价值的一半。

选哪一个？

- *在多数情况下，AW 法好于先分后选法*。当多种物品或问题等待解决，且当事各方对其价值判断互不相同的情况下尤为如此。AW 法不仅能带来不引起嫉妒的、有效率的解决方案，而且能使各方获得的分数相等，从而带来公平的解决方案。在有些例子中，丈夫会抱怨，“我只获得了我想要的 51%，而我妻子获得了她想要的 90%。”丈夫表达的这种嫉妒情绪不会出现在 AW 法的例子中。不平等会让人——例如离婚案中的丈夫——感觉酸溜溜的，尽管根据他自己的分数分配情况，他得到的已经超过了总价值的一半（上述例子中的 51%）。即使不考虑嫉妒的因素，他也会感到愤怒，因为他妻子获得了更多的份额，比他高兴。相比之下，在我们前面讨论过的例子中，根据各自分配的分数，双方都分别获得了总价值的 2/3～3/4。此外，由于 AW 法是有效率的，这也是双方可能获得的最好结果。
- *对有两个当事方、待分配项目数量多且相对较小的情况，均衡交替法比 AW 法更具操作性*。这个特点可以适用于城市里没有子女、没有共同财产的年轻夫妻。例如，许多这样的夫妻在纽约租公寓时没有汽车，甚至没有洗衣机和烘干机；但当他（她）们离婚时，还是要决定计算器、电视机、CD 播放机、床、书架和电脑这些物品各归谁所有。询问步骤能把产生竞争的项目从所有项目中分离出来，从而加快分配过程。这时，不必像 AW 法那样给各项目分配分数，考虑到双方都会选择自己的首选，因此可以使用均衡交替法。除非夫妻双方充满敌对情绪，否则，轮到自己进行选择时，他（她）肯定会选择当时能够选择的最好的一个或两个项目。

- *当争端各方的权利本来就不平等，或待分配的是关于损失（不好的事情）及收益（好的事情）时，对于这些情况，所有的程序都适用*。例如，通过改变基本计算公式，可以把各方的权利纳入 AW 法，以保证一方获得的分数是对方的两倍。使用交替或修剪程序时，可以通过“克隆”的方式，来反映各方实际享有的不同的权利。例如，再“克隆”出一个当事方，以使他获得对方应得的两倍。像家务活分工这样的坏事，使用 AW 法时，对获胜就应该倒过来理解，即意味着获胜一方不必接受自己“赢得”的家务活——对方将承担此工作。使用严格或均衡交替程序时，家务活的分工则是直截了当的：各方将首先挑选最不好的。可以公平地讲，争端里对坏事的分配与对好事的分配一样重要。除家务活外（谁刷碗，谁割草），坏事的范围从工作任务（企业减员时，谁将承担什么额外的工作）到国际负担（在军事联盟里，谁承担哪些脆弱的位置）不一而足。

先把坏事放到一边，好消息是：

- 严格交替程序使先选择的一方从始至终拥有领先权，而均衡交替程序使争端各方克服了这个缺陷；
- 先分后选法保证分配结果不引起嫉妒，但不保证效率和公平，而 AW 法使争端各方克服了这个缺陷。

这两个新方法不仅适用于许多公平分配争端，而且不难理解和操作。

生活没有太多保障。公平应该算是其中一个。这方面不能将就。

资料来源

第1章

公平分配的故事

关于温特离婚案，见 Bumiller(1997)；Dobrzynski(1997a，1997b)；Morrow (1997)；《首席执行官离婚案重新开审》(1997)；Herring (1998)；及 Morris (1998)。

关于伊夫·蒙坦遗产纠纷，见 Whitney (1998) 以及《伊夫·蒙坦 DNA 化验结果表明没有父缘关系》(1998)。1998 年 3 月对蒙坦进行了开棺验尸，时年，奥罗 22 岁。上诉法庭决定对蒙坦开棺以进行 DNA 化验之后，法国民意所 (French

Institute of Public Opinion）进行了一项民意调查。在接受调查的法国人当中，有75%认为蒙坦生前不会做的事情，在他死后，也不应该逼他去做。一家法国报纸指出，这种做法无异于命令蒙坦在坟墓里说话。但奥罗当时认为，“我一直坚信母亲从未对我说谎，内心深处，我始终确定自己是他（蒙坦）的女儿。”

《无害的人们》中被引用的部分，见 Thomas（1959，pp. 49－50）。

丘吉尔与斯大林以及埃登与莫洛托夫之间的讨论，见 Gardner（1993，pp. 198，202）。

关于海盗瓜分赃物的描述，见 Cordingly（1995，p. 97）。

帕科克（Pocock，1977，1992）重印并讨论了詹姆斯·哈灵顿的著作，其中包括《海洋联邦》。哈灵顿著作的其他引用部分摘自 Brams and Taylor（1996，chapter 1），该书分析了“过滤选择法”(filter-and-choose)，这是先分后选法的一种变形。哈灵顿关于一方有权否决另一方选择的建议似乎在《斯巴达宪法》里早有预见（见 Plutarch's Lycurgus，6. 3）。虽然斯巴达议会不能作出动议，但它有权接受或拒绝由国王和上议院作出的动议。同样，在卡叠石（Carthage)，国王和长者决定让人民有哪些选择，而人民决定做什么（见 Aristotle，*Politics*，1237A5f)。Plass（1997）使我们注意到斯巴达和卡叠石这些祖先早已运用了哈灵顿关于17世纪英格兰宪制改革的思想，也见 Plass（1995）。Young（1994，chapter 4）对亚里士多德、《塔木德经》（*the Talmud*）以及犹太思想家迈摩尼德斯（Maimonides）等提出的几种古典公平方案进行了比较。Aumann 和 Maschler（1985）对《塔木德经》里所述的破产债务承担方式从博弈论的角度给予了阐述，很有启发性。

第一个伊索寓言引自 Lowry（1987，p. 130）（第二个寓言的出处未知）。

Brams（1980，chapter 6；1990，chapter 1）分析了两个母亲在所罗门国王面前进行的“游戏”，并假设

● 真正母亲的最优先考虑是挽救她的孩子，即使以输给冒充者从而失去孩子（是个男孩儿）为代价。

- 冒充者将不顾孩子的死活，宁愿博得所罗门的欢心而不会对所罗门的命令进行反抗。

而如正文中描述的那样，所罗门的计谋“奏效”了——母亲对所罗门的命令进行了抗议，而冒充者却没有——但只是因为两个女人没能觉察所罗门的真正意图。如果她们尤其是冒充者具有更为敏锐的洞察力，那么，她也会像真正的母亲那样进行抗议，这样，所罗门就会左右为难，无法判断谁是孩子真正的母亲，而所罗门及他的解决方案都不会显得如此有智慧。尽管所罗门因其超人的判断力而称颂于世，但毫无疑问他的计谋有欺骗的成分。也许，他能够欺骗冒充者所表现的狡猾与他能够找到公正的解决方案所表现的诚实，二者应该同样得到称赞。当然，如果缺乏所罗门那种判断能力的人为了达到不可告人的目的而使用欺骗的手段，他们是根本不会得到称颂的。

满意的标准

各州在立法机构里分配席位（Balinski and Young，1982），在理事会里根据各法律主体的大小来分配加权投票权（Felsenthal and Machover，1998），在这些情况下，成比例都是一个关键概念。

规则与战略

布拉姆斯和凯勒格尔（Brams and Kilgour，1998）提供了一个建立在 BATNAs 基础上的可以作为退路的谈判模型，其中包括维持僵局。关于《我生活的种种模式》一书的引用部分，见 Simon（1991，pp. 365 - 366）。

第 2 章

由下至上的战略

科勒和昌德拉斯卡拉恩（Kohler and Chandrasekaran，1971）证明了，由下至上战略（并非他们发明的术语）对双方都产生了最佳战略的选择结果。

评估

Brams 和 Straffin（1979）证明了，在两个当事方情况下的复杂选择，以及任何数量当事方情况下的真诚选择，都是有效率的。

扩展至三个或更多当事方

Brams 和 Straffin（1979）详细分析了三个当事方的囚徒困境，并讨论了球员选择、球队选择悖论以及复杂选择结果的普遍性。关于两个当事方的囚徒困境及其理论实证研究，见 Dixit and Nalebuff（1991），Poundstone（1992）和 Taylor（1995）。

第 3 章

轮流、轮流、再轮流

泰勒（Taylor，1998）提供了解决轮流问题的方法，并指出了安排公平顺序时可能遭遇的困难。道森（Dawson，1997，p. 82）区别了一般型做法与变更型做法。

第 4 章

历　史

劳瑞（Lowry，1987，pp. 126－131）详细讨论了普罗米修斯和宙斯分肉的难题。《逝去的记忆》的引用部分，见 Levi（1979，p. 45）。杨（Young，1995，p. 912）讲述了埃及与英国的博物馆如何分配考古成果的故事，其资料来源于经济学家托马斯·C·斯凯林（Thomas C. Schelling）。

战 略

布拉姆斯和泰勒（Brams and Taylor，1996，pp. 10－12，16－18）以略微不同的方式讨论了缅因州财产分配的案例。对孩子选择比萨饼案例的评论，见 Alba（1994）。

先分后选法的对称化

关于对称化方法的细节，包括如何使用“移动刀子”来创造价值相等的份额，见 Brams and Taylor（1996）及 Robertson and Webb（1998）；其背后的思想来自 Austin（1982）。通过随意性和交替性的选择来使先分后选法对称化，道森（Dawson，1997）开发了一种程序，能够使挑选运动员的程序更加公平。

扩展至三个或更多当事方

布拉姆斯和泰勒（Brams and Taylor，1996）提供了扩展背后的理论根据，以及在四个继承人之间分配遗产的案例（pp. 143－147）。斯密（Smith，1963，pp. 16－17，28－29）和夏普（Sharp，1975）讲述了第二次世界大战后德国和柏林被划分为四个区域的详细过程；美英两国陷入僵局的引用部分，见 Eisenberg（1996，pp. 57－58）。

建 议

杨（Young，1994）讨论并举例说明了，共享和轮流拥有可以成为划分的替代做法。对《落日后的航行》的引用，见 Heinlein（1987，p. 248）。

第5章

调整赢家法的概念

伦格和埃普斯泰因（Leng and Epstein，1985）和萨尔特

(Salter,1986) 的内容包括了把分数分配方法运用到削减武器上面。关于诚实问题的引用，见杨（Young，1994，p. 130）。布拉姆斯和泰勒（Brams and Taylor，1996，p. 70，footnote 8）将 AW 法运用在双方权利不对等的情况。

评　估

讨论效率问题时提及的拉尔夫·基尼和霍华德·拉夫（Ralph Keeney and Howard Raiffa）的著作，见 Keeney and Raiffa（1991）以及 Raiffa（1985，1993）；从毛林（Moulin，1995）和拉夫（Raiffa，1996）当中，可以找到更多的技术上的处理。瑞思（Raith，1998a，1998b）与瑞思和维勒泽勒（Raith and Welzel，1998）表现了 AW 法及其变更形式可被用来实施和支持合作型博弈理论下的解决方案；它们也讨论了 AW 法与之前的公平分配方案的关系。

战　略

布拉姆斯和泰勒（Brams and Taylor，1996，chapters 4－5）分析的另一种分数分配程序叫做“按比例分配”（proportional allocation，PA）。该程序比 AW 法更能真实地反映当事方的意图，但也有两个缺陷。一是没有效率——当事方使用 AW 法比使用 PA 法总体上获利更多（对马蒂斯-毕加索的例子来说，使用 PA 法时，安和本的分数均将从 75 分减少为 62.5 分）。二是 PA 法要求对每个待分配项目都根据当事方分配的分数来进行分割，而 AW 法只要求对需要进行公平调整的项目进行分割，因此，PA 法不如 AW 法具有操作性。

扩展至三个或更多当事方

关于哈罗德·尼克尔森的引用，见 Nicolson（1992，p. 83）。瑞尼尔斯和波特斯（Reijnierse and Potters，1998）和威尔森（Willson，1998）提供了把 AW 法扩展至三个或更多当事方的情况。

第6章

“谈判分析”这个词用来描述把决策论和博弈论——如本章讨论的——运用到谈判与讨价还价的研究上时的情况。关于这方面的资料，见 Young（1991）、Sebenius（1992）及 Raiffa（1996）。伯兰登伯格和内勒布夫（Brandenburger and Nalebuff，1996）处理“合作竞争”（“coopetition”）时，也运用了博弈论。“合作竞争”指成功的企业通过合作把“蛋糕”做大，再通过竞争使自己获得较大的份额。应该指出的是，两个当事方只要保持诚实，那么，不需要把蛋糕做大，就可以获得更好的结果——意即，在分配过程中，进行“诚实”的竞争。

关于把 AW 法应用到戴维营的例子，见 Brams and Togman（1996/1998）。马萨德（Massoud，1998）也提供了一个有关的应用案例。此外，从拉夫（Raiffa，1982）、塞伯尼尔斯（Sebenius，1984）及布拉姆斯（Brams，1990）当中，还能找到其他一些将谈判分析应用到解决国际争端的例子。实际上，布拉姆斯和泰勒（Brams and Taylor，1996，chapter 5）使用分数分配把 AW 法应用于解决 20 世纪 70 年代末期巴拿马运河争端的例子时，其资料就是来源于 Raiffa（1982，chapter 12）。

戴维营里讨论的问题

本节以及本章后面关于戴维营的资料，主要来源于 Brzezinski（1983）、Dayan（1981）、Kacowicz（1994）、Quandt（1986）、Stein（1993）和 Telhami（1990）。引用部分的资料来源如下：萨达特给卡特的信，见 Carter（1982，p. 294）；贝京对美国谈判小组成员讲的一番话，见 Brzezinski（1983，p. 263）；萨达特把要求以色列从西奈半岛撤军作为基本任务，见 Stein（1993，p. 81）；西奈对埃及的象征意义，见 Kacowicz（1994，p. 135）；贝京拒不放弃西岸的强硬立场，见 Quandt（1986，p. 66）；萨达特不签署一项协议，见 Carter（1982，p. 345）；卡特在阿斯旺说的一番话，见 Quandt（1986，p. 161）；重写《圣经》的需要，见 Dayan（1981，p. 177）；埃及代表在耶路撒冷问题上的表态，见 Dayan（1981，p. 49）；埃及承认以色列在西岸和加沙地带的权利，见 Kacowicz（1994，p. 139）；在拉夫（Raiffa，1982，chapter 12）提供的数据的基础上，布拉姆斯和泰勒（Brams and Taylor，1996，chapter 5）描述了把 AW 法应用于巴拿马运河协议谈判的情况；布拉姆斯（Brams，1990，chapter 2）使用博弈论模型，在引致诚实的“奖励”与“处罚”程序的基础上，分析了戴维营争端各方达成协议的激励因素；布拉姆斯和基勒格尔（Brams and Kilgour，1996）开发了这些模型。在 Bates 等（1998）中，还可找到使用理性选择模型，用叙述的方法分析历史事件的其他一些例子。

实际考虑

拉夫（Raiffa，1982，part Ⅲ）讨论了在宣布偏好和进行交换交易时表达愿望强度的方法；又见 Raiffa（1996）。塞蒂和瓦格斯（Saaty and Vargas，1991）和塞蒂（Saaty，1995）描述并展示了分析层级程序的使用方法。亨利·基辛格关于最佳解决问题的时机，见 *New York Times*，1974－10－12；吉米·卡特的评论，见 Carter（1994，p. 390）。

《戴维营协议》的公平性

关于法默（Fahmy）在戴维营问题上的引述，见 Fahmy（1983，p. 292）。奎特（Quandt）关于《戴维营协议》对以色列更为有利的观点，见 Quandt（1986，p. 255）。关于程序可操纵的一般知识，见 Riker（1986，1996）、Brams（1990）以及 Brams and Kilgour（1996）。

第7章

离　婚

关于特拉普夫妇离婚的案例，见 Duran（1995），COMAP（1997）曾对此给予了简述。玛拉与唐纳德的分居，见 Weber（1997）；对唐纳德关于分居的引述，见 Singer（1997，p. 58）。对唐纳德仍然爱着伊凡娜以及伊凡娜希望获得公平的财产份额的引述，见 Mitchell（1990）；对伊凡娜疯狂地爱着唐纳德的引述，见 Gross（1990）。在离婚案中使用非正式程序带来问题的部分，被引用的几个分析家是俄兰格、昌姆伯里斯和迈里（Erlanger，Chambliss，and Melli，1987，p. 583）。父亲不想让孩子知道他给孩子打的分数少于母亲，其资料来源是 Brams and Taylor（1996，p. 5）使用 AW 法分析的一个离婚案。关于在家庭矛盾问题上使用 AW 法的一般知识，见 Lavery（1996）。

总统竞选辩论

总统辩论的案例来自 Sims（1996）。除了一个例外，其他所有的引述都来自 Lewis（1996a，1996b，1996c）；该例外是，关于多尔无法承受取消辩论的引述，其来源是 Black（1996）。莱克斯（Lax，1999）建议在未来的总统辩论中使用 AW 法的一种变异形式，并展示了该方法应用于 1996 年总统辩论的情况。

第8章

关于几个主要联队罢赛以及问题解决的细节，见 Jennings（1997）。关于葛兰素·威康和史克必成合并计划流产的引述，见 Langreth and Lipin（1998）。

合　并

合并的案例来自 Brams and Kulikov（1998）。对迈克尔·卡尔的引述，见 Lipin（1997）；对罗伯特·金德勒的引述，见 Lipin（1996）。1998 年上半年 1 万亿美元的交易数额以及平均每天 29 个交易，这些数字来自 Holson（1998）。美世咨询公司的研究成果引自 Ashkens，De Monaco，and Francis（1998）。《纽约时报》关于“两个已经够多了”的文章，见 Bryant（1998）。《华尔街日报》关于瑞士银行公司与瑞士联合银行合并的缺陷的文章，见 Rhoads et al.（1998）。关于戴姆勒克莱斯勒公司的命名，见 Ingrassia and Mitchener（1998）。瑞拜克（Ryback，1998）又进一步探讨了这个问题。

南沙群岛争端

南沙群岛争端的案例来自 Denoon and Brams（1997，1998）。《联合国海洋法公约》是解决争端的关键，对其引述，见 Cordner（1994，p. 61）。

参考文献

Alba, William (1994). Private communication to Steven J. Brams (December 15).

Ashkens, Ronald N., Lawrence J. De Monaco, and Suzanne C. Francis (1998). "Making the Deal Work: How GE Capital Integrates Acquisitions." *Harvard Business Review* 76, no. 1 (January-February): 165 - 170.

Aumann, Robert J., and Michael Maschler (1985). "Game Theoretic Analysis of a Bankruptcy Problem in the Talmud." *Journal of Economic Theory* 36, no. 2 (August): 195 - 213.

Austin, A. K. (1982). "Sharing a Cake." *Mathematical Gazette* 66, no. 437(October): 212 - 215.

Balinski, Michel L., and H. Peyton Young(1982). *Fair Representation: Meeting the Ideal of One Man, One Vote*. New Haven, CT: Yale University Press.

Bates, Robert H., et al. (1998). *Analytic Narratives*. Princeton, NJ: Princeton University Press.

Black, Gordon S. (1996). "Clinton Should Stand Up for Perot." *New York Times*, September 25, p. A21.

Brams, Steven J. (1980). *Biblical Games: A Strategic Analysis of Stories in the Old Testament*. Cambridge, MA: MIT Press.

Brams, Steven J. (1990). *Negotiation Games: Applying Game Theory to Bargaining and Arbitration*. New York: Routledge.

Brams, Steven J., and D. Marc Kilgour(1996). "Bargaining Procedures That Induce Honesty." *Group Decision and Negotiation* 5: 239 - 262.

Brams, Steven J., and D. Marc Kilgour(1998). "Fallback Bargaining." Preprint, Department of Politics, New York University.

Brams, Steven J., and Maxim S. Kulikov(1998). "Resolving Social Issues in a Merger: A Fair-Division Approach." Preprint Department of Politics, New York University.

Brams, Steven J., and Philip D. Straffin, Jr. (1979). "Prisoners' Dilemma and Professional Sports Drafts." *American Mathematical Monthly* 86, no. 2(February): 80 - 88.

Brams, Steven J., and Alan D. Taylor (1996). *Fair Division: From Cake-Cutting to Dispute Resolution*. Cambridge, UK: Cambridge University Press.

Brams, Steven J., and Jeffrey M. Togman(1996/1998). "Camp David: Was the Agreement Fair?" *Conflict Management and Peace*

Science 13, no. 3(1996): 99 - 112L; revised and expanded version in Frank P. Harvey and Ben D. Mor(eds.), *New Directions in the Study of Conflict, Crisis, and War*. London: Macmillan, 1998, pp. 306 - 323.

Brandenburger, Adam M., and Barry J. Nalebuff(1996). *Coopetition*. New York: Doubleday.

Bryant, Adam(1998). "Co-Chief Executives: Can Two Be a Crowd?" *New York Times*, August 1, p. BU4.

Brzezinski, Zbigniew(1983). *Power and Principle: Memoirs of the National Security Adviser, 1977 - 1981*. New York: Farrar Straus Giroux.

Bumiller, Elisabeth(1997). "One Word from a Corporate Ex-Wife: Half." *New York Times*, January 6, p. B2.

Carter, Jimmy(1982). *Keeping Faith: Memoirs of a President*. New York: Bantam.

Carter, Jimmy(1994). "The Power of Moral Suasion in International Mediation." In Deborah M. Kolb *et al*. (eds.), *When Talk Works: Profiles of Mediators*. San Francisco: Jossey-Bass, pp. 375 - 391.

COMAP(1997). *For All Practical Purposes: Introduction to Contemporary Mathematics*, 4th ed. New York: W. H. Freeman.

Cordingly, David(1995). *Under the Black Flag: The Romance and the Reality of Life Among the Pirates*. New York: Random House.

Cordner, L. (1994). "The Spratlys Dispute and the Law of the Sea." *Ocean Development and International Law* 25: 61.

Dawson, Bryan(1997). "A Better Draft: Fair Division of the Talent Pool." *College Mathematics Journal* 28, no. 2(March): 82 - 88.

Dayan, Moshe(1981). *Breakthrough: A Personal Account of the Egypt-Israel Peace Negotiations*. New York: Alfred A. Knopf.

Denoon, David B. H., and Steven J. Brams(1997). "Fair Division: A New Approach to the Spratly Islands Controversy." *International Negotiation* 2, no. 2(December): 303 - 329.

Denoon, David, and Stephen J. Brams(1998). "Fair Division: A New Approach to Dispute Resolution." In Gerald Blake et al. (eds.), *Boundaries and Energy. Problems and Prospects*. London: Kluwer Law International, pp. 509 - 519.

Dixit, Avinash, and Barry Nalebuff(1991). *Thinking Strategically: The Competitive Edge in Business, Politics, and Everyday Life*. New York: W. W. Norton.

Dobrzynski, Judith H. (1997*a*). "Was It His Career, or Theirs? A Corporate Wife Holds Out for a 50 - 50 Split of Assets." *New York Times*, January 24, p. D16.

Dobrzynski, Judith H. (1997*b*). "Judge Splits on Issues and Money in G. E. Executive's Divorce Case." *New York Times*, December 4, pp. D1, D8.

Duran, Catherine(1995). "Trump v. Trump: A Fair Division Analysis." Unpublished term paper written for Steven J. Brams, New York University.

Eisenberg, Carolyn Woods(1996). *Drawing the Line: The American Decision to Divide Germany, 1944—1949*. Cambridge, UK: Cambridge University Press.

Erlanger, Howard S., Elizabeth Chambliss, and Marygold S. Melli (1987). "Participation and Flexibility in Informal Processes: Cautions from the Divorce Context." *Law and Society Review* 21, no. 4: 583 - 604.

Fahmy, Ismail(1983). *Negotiating for Peace in the Middle East*. Baltimore, MD: Johns Hopkins University Press.

Felsenthal, Dan S., and Moshé: Machover(1998). *The Measurement of Voting Power*. Cheltenham, UK: Edward Elgar.

Fisher, Roger, and William Ury(1981). *Getting to Yes: Negotiating Agreement Without Giving in*. Boston: Houghton Mifflin (2d ed., Penguin, 1991).

Gardner, Lloyd C. (1993). *Spheres of Influence: The Great Powers Partition Europe, from Munich to Yalta*. Chicago: Ivan R. Dee.

Gross, Michael(1990). "Ivana's New Life." *New York* 23, no. 4(October 15): 40.

Heinlein, Robert A. (1987). *To Sail Beyond the Sunset: The Life and Loves of Maureen Johnson (Being the Memoirs of a Somewhat Irregular Lady)*. New York: Berkley.

Herring, Hubert B. (1998). "What's a Corporate Wife Worth in Court? Go Figure." *New York Times*, January 25, p. WK7.

Holson, Laura M. (1998). "The Incredible Shrinking Banker." *New York Times*, August 2, pp. BU2, BU9.

The Honeymooners(1955). "One Big Happy Family" (aired on CBS on April 9). A Jackie Gleason, Inc., Production.

Ingrassia, Lawrence, and Brandon Mitchener(1998). "I Was Thinking That, Too, Said Mr. Eaton—And the Talks Were On." *Wall Street Journal*, May 8, pp. A1, A10.

Jennings, Kenneth M. (1997). *Swings and Misses: Moribund Labor Relations in Professional Baseball*. Westport, CT: Praeger.

Kacowicz, Arie Marcelo(1994). *Peaceful Territorial Change*. Columbia, SC: University of South Carolina Press.

Keeney, Ralph L., and Howard Raiffa(1991). "Structuring and Analyzing Values for Multiple-Issue Negotiations." In H. Peyton Young(ed.), *Negotiation Analysis*. Ann Arbor, MI: University of Michigan Press, pp. 131-151.

Kohler, David A., and R. Chandrasekaran (1971). "A Class of

Sequential Games." *Operations Research* 19, no. 2(March-April): 270 - 277.

Langreth, Robert, and Steven Lipin (1998). "Glaxo, SmithKline Reel in Battle of Egos." *Wall Street Journal*, February 25, p. A3.

Lavery, Norman G. (1996). "A New Arrow in the Mediator's Quiver: Adjusted Winner in the Context of Family Mediation." *ADR Forum: The Canadian Journal of Dispute Resolution* 10 (October): 4 - 5.

Lax, Jeffrey R. (1999). "Fair Division: A Format for the Debate on the Format of Debates." *PS: Political Science and Politics* 31, no. 1(March).

Leng, Russell J., and William Epstein(1985). "Calculating Weapons Reductions." *Bulletin of the Atomic Scientists* 41, no. 2(February): 39 - 41.

Levi, Primo(1979). *Moments of Reprieve: A Memoir of Auschwitz.* New York: Summit.

Lewis, Neil A. (1996*a*). "Panel on Debates Bars Perot, Calling Him Unelectable." *New York Times*, September 18, p. A1.

Lewis, Neil A. (1996*b*). "Clinton Aides Suggest Commission, Not Perot, May Have to Go." *New York Times*, September 20, p. A29.

Lewis, Neil A. (1996*c*). "Two Debates Set Between Dole and President." *New York Times*, September 22, p. 25.

Lipin, Steven(1996). "In Many Merger Deals, Ego and Pride Play Big Roles in Which Way Talks Go." *Wall Street Journal*, August 22, p. C1.

Lipin, Steven (1997). "The Market Bounceback: Merger Bankers Don't Bet on Increase in Leisure Time." *Wall Street Journal*, October 29, p. C16.

Lowry, S. Todd (1987). *The Archeology of Economic Ideas: The Classical Greek Tradition*. Durham, NC: Duke University Press.

Massoud, Tansa George (1998). "Fair Division, Adjusted Winner Procedure, and the Golan Heights." Preprint, Department of Political Science, Bucknell University.

Mitchell, Emily (1990). "Two for the Money." *Time* 135, no. 9 (February 26): 64.

Morris, Betsy (1998). "What's a Corporate Wife Worth?" *Fortune*, February 2, pp. 65 – 78.

Morrow, David J. (1997). "The Card, at Least, Isn't Torn in Half." *New York Times*, December 7, p. BU11.

Moulin, Hervé (1995). *Cooperative Microeconomics: A Game-Theoretic Introduction*. Princeton, NJ: Princeton University Press.

"Move to Reopen Executive Divorce Case" (1997). *New York Times*, December 23, p. D8.

Nicolson, Nigel (ed.) (1992). *Vita and Harold: The Letters of Vita Sackville-West and Harold Nicolson*. New York: Putnam.

Plass, Paul (1995). *The Game of Death in Ancient Rome: Arena Sport and Political Suicide*. Madison, WI: University of Wisconsin Press.

Plass, Paul (1997). Private communication to Steven J. Brams (September 29).

Pocock, J. G. A. (ed.) (1977). *The Political Works of James Harrington*. Cambridge, UK: Cambridge University Press.

Pocock, J. G. A. (ed.) (1992). "Introduction." In James Harrington, *The Commonwealth of Oceana* and *A System of Politics*. Cambridge, UK: Cambridge University Press, pp. vii-xxvi.

Poundstone, William (1992). *Prisoner's Dilemma: John von Neumann, Game Theory, and the Puzzle of the Bomb*. New York:

Doubleday.

Quandt, William B. (1986). *Camp David: Peacemaking and Politics*. Washington, DC: Brookings Institution.

Raiffa, Howard(1982). *The Art and Science of Negotiation*. Cambridge, MA: Harvard University Press.

Raiffa, Howard(1985). "Post-Settlement Settlements." *Negotiation Journal* 1, no. 1(January): 9-12.

Raiffa, Howard(1993). "The Neutral Analyst: Helping Parties to Reach Better Solutions." In Lavinia Hall (ed.), *Negotiation: Strategies for Mutual Gain*. Newbury Park, CA: Sage pp. 14-27.

Raiffa, Howard(1996). *Lectures on Negotiation Analysis*. Cambridge, MA: Program on Negotiation, Harvard Law School.

Raith, Matthias G. (1998*a*). "Supporting Cooperative Multi-Issue Negotiations." Preprint, Institute of Mathematical Economics, University of Bielefeld, Germany(June).

Raith, Matthias G. (1998*b*). "Fair-Negotiation Procedures." Preprint, Institute of Mathematical Economics, University of Bielefeld, Germany(July).

Raith, Matthias G., and Andreas Welzel(1998). "Adjusted Winner: An Algorithm for Implementing Bargaining Solutions in Multi-Issue Negotiations." Preprint, Institute of Mathematical Economics, University of Bielefeld, Germany (March).

Reijnierse, J. H., and J. A. M. Potters (1998). "On Finding an Envy-Free Pareto Optimal-Division," *Mathematical Programming* 83, no. 2(October): 291-311.

Rhoads, Christopher, et al. (1998). "Swiss Bank's $25 Billion Merger Sparks Friction, Lofty Defections." *Wall Street Journal*, April 3, p. A15.

Riker, William H. (1986). *The Art of Political Manipulation*. New

Haven, CT: Yale University Press.

Riker, William H. (1996). *The Strategy of Rhetoric: Campaigning for the American Constitution*. New Haven, CT: Yale University Press.

Robertson, Jack, and William Webb (1998). *Cake-Cutting Algorithms: Be Fair If You Can*. Natick, MA: A. K. Peters.

Ryback, Timothy W. (1998). "The Man Who Swallowed Chrysler." *New Yorker*, November 16, pp. 80-89.

Saaty, Thomas L. (1995). *The Fundamentals of Decision Making and Priority with the Analytic Hierarchy Process*. Pittsburgh, PA: RWS Publications.

Saaty, Thomas L., and Luis G. Vargas (1991). *Predictions, Projection, and Forecasting: Applications of the Analytic Hierarchy Process in Economics, Finance, Politics, Games, and Sports*. Boston: Kluwer Academic.

Salter, Stephen H. (1986). "Stopping the Arms Race." *Issues in Science and Technology* 2, no. 2(Winter): 74-92.

Sebenius, James K. (1984). *Negotiating the Law of the Sea*. Cambridge, MA: Harvard University Press.

Sebenjus, James K. (1992). "Negotiation Analysis: A Characterization and Review," *Management Science* 38, no. 1 (January): 18-38.

Sharp, Tony (1975). *The Wartime Alliance and the Zonal Division of Germany*. Oxford, UK: Clarendon Press.

Simon, Herbert A. (1991). *Models of My Life*. New York: Basic.

Sims, Gideon Y. (1996). "Adjusted Winner Applied to the 1996 Presidential Debates." Unpublished term paper written for Steven J. Brams, New York University.

Singer, Mark (1997). "Trump Solo." *New Yorker*, May 19, pp.

57 -70.

Smith, Jean Edward (1963). *The Defense of Berlin*. Baltimore: Johns Hopkins University Press.

Stein, Janice Gross (1993). "The Political Economy of Security Agreements: The Linked Costs of Failure at Camp David." In Peter B. Evans, Harold Jacobson, and Robert Putnam (eds.), *Double-Edged Diplomacy: International Bargaining and Domestic Politics*. Berkeley, CA: University of California Press, pp. 77 - 103.

Taylor, Alan D. (1995). *Mathematics and Politics: Strategy, Voting, Power and Proof*. New York: Springer-Verlag.

Taylor, Alan D. (1998). "Taking Turns." Preprint, Department of Mathematics, Union College, New York.

Telhami, Shibley (1990). *Power and Leadership in International Bargaining: The Path to the Camp David Accords*. New York: Columbia University Press.

Thomas, Elizabeth Marshall (1959). *The Harmless People*. New York: Alfred A. Knopf (2d ed. , Vintage, 1989).

Trump, Donald(1987). *Trump: The Art of the Deal*. New York: Random House.

Trump, Donald(1990). *Trump: Surviving at the Top*. New York: Random House.

Trump, Donald (1997). *Trump: The Art of the Comeback*. New York: Random House.

Weber, Bruce (1997). "Donald and Marla Are Headed for Divestiture." *New York Times*, May 3, p. 27.

Whitney, Craig R. (1998). "Beyond the Grave, DNA Haunts Yves Montand." *New York Times*, May 3, p. 27.

Whitney, Craig R. (1998). "Beyond the Grave, DNA Haunts Yves Montand," *New York Times*, March 12, p. A4.

Wilson，Stephen J.（1998）. “Fair Division Using Linear Programming.” Preprint，Department of Mathematics，Iowa State University.

Willson，James Q.（1993）. *The Moral Sense*. New York：Free Press.

Young，H. Peyton(ed.)(1991). *Negotiation Analysis*. Ann Arbor，MI：University of Michigan Press.

Young，H. Peyton（1994）. *Equity in Theory and Practice*. Princeton，NJ：Princeton University Press.

Young，H. Peyton（1995）. “Dividing the Indivisible.” *American Behavioral Scientist* 38，no. 6（May）：904－920.

“Yves Montand DNA Says No Paternity”(1998). *New York Times*，June 12，p. A3.

词汇表

经调整的赢家(adjusted winner) 该方法是两个当事方通过给各待分配项目打分来进行并完成分配的程序。如果双方在整个过程中都保持诚实，那么，分配结果将不引起嫉妒，并实现效率和公平。

仲裁(arbitration) 对一个争端进行仲裁涉及非当事方（仲裁者）对争端解决方案的条件作出决定，该决定对当事各方都具有约束力。

交替程序(alternation procedure) 使用交替程序时，当事方轮流从待分配项目中进行选择，但每次不必只选择一项。

均衡交替(balanced alternation)　这是严格交替程序的修订，使用该程序时，当事方轮流、再轮流。

BATNA　这是Best Alternative To a Negotiated Agreement（谈判协议以外的最佳选择）的缩写，也是当事一方可以作为退路的立场。尽管在某些争端里当事一方可以一走了之，退出谈判，但在离婚、劳工纠纷、国际争端等情况下，当事方无法回避矛盾，这时，他（她）们只好尽量达成公平的解决方案，舍此别无他途。

由下至上的战略(bottom-up strategy)　这是交替程序下的一个战略，其复杂选择的结果是通过倒推方法得出的。

家务活问题(chores problem)　与分配物品的情况相反，它的目的是把尽量少的家务活（即不好的事情）分配给当事方，以使分配结果满足一定的公平性。

待竞争项目集合(contested pile)　经过询问步骤之后，那些被竞争的项目被放在待竞争项目集合里；当事方将以完全相同的方式对这些项目从最好到最次进行排序。

先分后选(divide and choose)　这是存在两个当事方时采用的一种程序，适用于一种或多种物品。其操作方法是：其中一方（分者）将该种物品（或该些物品）分成两份，由另一方（选者）从中选择一份。先分后选程序不引起嫉妒，但缺乏效率，分者事先不掌握选者的偏好，只根据自己的判断把物品平均分成两份。

可分物品(divisible good)　如果一项物品能够被分成若干部分，

同时又不破坏各部分对当事方的价值，那么，该项物品就是可分物品。

效率(efficiency) 在某个分配方案之外不存在其他方案，能在不损害一方利益的情况下提高另一方的利益，那么，该分配方案就是有效率的。

资格(entitlement) 一个当事方的资格就是他（她）在某个公平分配程序下对一个或一些项目应该获得的最小比例。

无妒忌(envy-freeness) 如果每一方都认为自己获得的部分至少与另一方获得的部分等值，那么，这个分配结果就是无妒忌的。

平等(equitability) 如果双方都认为自己获得的部分与对方获得的部分在总价值中所占的比重相同，那么，这个分配结果就是平等的。

公平调整(equitability adjustment) 在经调整的赢家程序下，公平调整能够使争端双方各自的总分数相等，从最小比重项目开始调整。

公平(fairness) 如果一个程序是公平的，它就一定要满足一定标准——尤其是不引起嫉妒、实现效率与平等——无论对方做什么，每一方都能获得一定程度的满足感。

保障战略(guarantee strategy) 这是当事一方可以选择的战略，使得无论其他当事方选择何种战略，该当事方都能保证自己获得的部分满足一定标准（例如，不引起嫉妒）。

异质物品(heterogeneous good) 异质物品里里外外不全是一样的，因此，不同当事方对其不同部分的价值判断也不一样。

同性物品(homogeneous good) 同性物品里里外外都一样，因此，所有当事方对其不同部分的价值判断也都一样。

中立程序(impartial procedure) 这是不偏袒任何一方的程序。

不可分物品(indivisible good) 一旦被分割，就要破坏其价值，这种物品就是不可分物品。

项目(item) 一个项目既可以是物品，也可以是议题，有时可分，有时不可分。

逐项比较(item-by-item comparison) 通过把一个项目集合体里的每个项目与另一个集合体里的每个项目进行比较，来比较各个集合体在不引起嫉妒、实现平等与效率等方面的特点。

可操纵性(manipulability) 当事一方掌握了对方的偏好并利用了这一信息，使自己获得了比没掌握对方信息的情况下更多的份额，这时，该程序就可操纵。

斡旋(mediation) 对一个争端进行斡旋涉及第三方（中间人）帮助争端各方更清楚地认识到要解决的问题，更好地进行沟通，缓解紧张气氛，从而为解决争端提供方便。

手指移动程序(moving-finger procedure) 该程序是对称化的先分后选法，其做法是手指沿着待分配项目的清单由上至下移动，并伴随着项目在当事方之间的转移和交换，直到双方都认为分配结果已大致达到 50—50。

分数分配程序(point-allocation procedure) 在该程序下，当事方分别把某个固定数目的分值（例如 100 分）分配给待分配项目，以反映他（她）们对各个待分配项目的偏好。

成比例(proportionality) 假设有 n 个当事方，每个当事方都认为自己获得的部分是全部待分配项目总值的 $1/n$，那么，该分配结果就是成比例的。

询问步骤(query step) 在严格和均衡交替程序下，询问当事各方接下去将选择什么项目，这个过程就是询问步骤。

裁判(referee) 保证分配程序的规则能够得到执行的这个人就是裁判。

规则(rules) 描述当事方在某个程序下能够作出的合法选择，规则可以由一个不知道当事各方偏好情况的裁判来执行。

独立性(separability) 如果一些物品或议题的价值不受当事方获得其他物品或在其他议题上获胜的影响，那么，这些物品或议题就是独立的。

真诚战略(sincere strategy) 这是完全建立在当事方真实偏好基础上的行为。

最小比重项目(smallest-ratio item) 在经调整的赢家战略下，这是在调整过程里全部或部分转移给最初输家的第一个项目。

社会问题（social issues） 在公司合并过程中，涉及原有公司领导层在新公司的地位、权力等问题，统称为社会问题。

复杂战略（sophisticated strategy） 根据对方可能将进行的选择来决定自己的最优选择，该战略就是复杂战略。

战略（strategy） 这是当事方根据程序规则选择自己行为的方式。

严格交替（strict alternation） 这是一种程序，第一个当事方选择一个项目后，第二个当事方再选择一个项目，依此类推，直到所有项目都被选择完。

轮流、轮流、再轮流（taking turns taking turns taking turns...） 当事方以某种顺序轮流在各个轮次里充当第一个进行选择的人。例如，安—本的顺序是"轮流"，或一次轮流，由安首先进行选择；安—本—本—安是"轮流轮流"，或两次轮流，由安在第一个轮次（安—本）里首先选择，而本则在第二个轮次（本—安）里首先选择。该过程可以扩展至两个或更多当事方的三次轮流、四次轮流等等。

修剪程序（trimming procedure） 该程序的做法是，当事方将价值稍高一些的待分配项目集合修剪成价值稍低一些的集合，从而创造出价值相等的集合，以保证不在当事方中引起嫉妒，但不能确保效率。

评估（valuation） 当事方从总价值中分配给一件物品或一个议题的分数，以表达他（她）认为获得该物品或在该议题上获胜所应该具有的价值。

译后记

这是一本非常独特巧妙的书。它把数学方法应用于解决实际问题，为合理解决小到生活琐事、大到国际纠纷等各类争端提供了公式化的程序。当然，在现实生活中，矛盾是复杂的，有些不是仅仅通过设定的程序就能加以解决的，但本书提供的各种方法无疑为我们提供了一个新鲜思路，为解决实际问题提供了一个很好的辅助工具。

本书的另一个特点是案例丰富多彩、旁征博引。其案例涉及离婚、继承遗产、公司并购、中东问题等诸多方面，既有《圣经》故事、历史事件，又有现代社会问题；既有哲学、政治学问题，又有经济学问题。无疑，这也为本书的翻译工作提出了挑战，提出了更高的要求。张伟初译了部分书稿，刘兴坤、马慕远、刘欢、曾景、李君校对了书稿。译者及编辑已做了很多努力，力求准确。但限于学识，错误恐在所难免，敬请读者批评指正。

本书的出版得到了中国人民大学出版社的大力支持，在此表示感谢。

The Win-Win Solution: Guaranteeing Fair Shares to Everybody by Steven J. Brams and Alan D. Taylor

图书在版编目（CIP）数据

双赢之道/（美）布拉姆斯，（美）泰勒著；王雪佳译. —北京：中国人民大学出版社，2012.10
（大师细说博弈论）
ISBN 978-7-300-16251-5

Ⅰ.①双… Ⅱ.①布… ②泰… ③王… Ⅲ.①谈判学 Ⅳ.①C912.3

中国版本图书馆 CIP 数据核字（2012）第 199751 号

大师细说博弈论
双赢之道
史蒂文·J·布拉姆斯 著
艾伦·D·泰勒
王雪佳 译
Shuangying zhi Dao

出版发行	中国人民大学出版社		
社　　址	北京中关村大街 31 号	**邮政编码**	100080
电　　话	010—62511242（总编室）		010—62511398（质管部）
	010—82501766（邮购部）		010—62514148（门市部）
	010—62515195（发行公司）		010—62515275（盗版举报）
网　　址	www. crup. com. cn		
	www. ttrnet. com（人大教研网）		
经　　销	新华书店		
印　　刷	涿州市星河印刷有限公司		
规　　格	170 mm×240 mm　16 开本	**版　　次**	2013 年 4 月第 1 版
印　　张	12.25　插页 1	**印　　次**	2017 年10月第 6 次印刷
字　　数	158 000	**定　　价**	29.80 元